天台山幽溪講堂文化系列叢書

名山佛教文化

釋了文
朱封鰲 ◎ 主編

上海書店出版社
SHANGHAI BOOKSTORE PUBLISHING HOUSE

天台山幽溪讲堂文化系列丛书编委会

主 任
释了文

副主任
净 旻　朱封鳌

委 员
曹志天　释悟明　释宗真
释慧华　许昌渠　吴 强

主 编
释了文　朱封鳌

祝贺《名山佛教文化》创刊

研究佛学化导人心，
为发展名山佛教文化而
业勇猛精进！

甲戌夏 中国佛教协会副会长
上海玉佛禅寺方丈 真禅

总　序

浙江大学教授　董平

印度佛教于公元一世纪前后传入中原,无论是在印度文化史上,还是在中国文化史上,抑或是在世界文化史上,都是一个伟大的历史事件。轴心时代两大古老文明之思想智慧的相遇,使印度文明跨越雪山、穿越沙漠而获得了世界性,中国文明则自此有了一个强大的思想参照体系,因"有意义的他者"而实现其文明的世界性对话,并在对话中不断实现其自身思想世界的更新。

佛教在中国的传入,虽然是佛教之世界性传播的一个部分,但其重要性与意义却迥然有异。作为佛教的传入地,中国并不仅仅是这一外来文化单向度的接受者,而同时也是其"审核者"与"涵化者"。几乎从初传的那一刻起,中国文化即以其独特的理性精神与价值理念对佛教的教义体系及其价值取向进行"格义"的解读、理解与领会,同时也始终以其自身强大的文化涵化力而赋予佛教以融合的新义。佛教在中国的历史,乃是以儒、道为典范的中国本土文化与佛教这一印度的宗教文化形态之间在思想与价值之深层相互交冲激荡的历史。就佛教而言,既已脱离其印度文化母体而要实现在中国文化语境中的植入,它就必不可免地需要被重新语境化。这一被重新语境化的过程,既是佛教融入于中国文化之整体结构的过程,同时也即是中国文化语境对其实现整体涵化的过程。正是基于这一双向度的交相互动,佛教在中国的传入就不只是传入,而是在重新获得其新文化母体的过程中,实现了其自身之信仰体系、价值理念、生活方式与实践形态的更新,从而有了"中国化"的佛教,也即是佛教的中国形态。这一"中国化"的佛教一经形成,便即开始了其对外传播的历史,中国因此而成为佛教世界传播的中心地。所谓"汉传佛教",并不只是在汉地传播的佛教,同时也是以汉地为中心而向域外传播的佛教。中国佛教的对外传播,不仅扩大了佛教更为广域的影响力,而且对中国文化圈的实际形成具有重要作用。中国由佛教的输入国而转成为对外传播的中心地,体现了中国文化本身强大的包容力、涵化力与创新力。佛教在中国的传入,一方面是以其独特而深沉的生命价值关切、丰富而精深的概念体系、缜密而宏阔的思辨方法对中国固有文化发挥着持续的影响力,成为中国自身文化的内在结构愈趋完善、思想内涵愈趋浑厚、意义建构愈趋丰沛的激励因子,既是"有意义的他者",又是中国文化整体构成的有机部分。而随着大量的三藏典籍被译为汉文,中国又成为印度佛教之古代典籍的保存者。时至今日,任何关于印度佛教思想史的研究,如果忽略了中国所保存的印度典籍,就都将是不够完善的。

由智者大师所创立的天台宗,是佛教中国化过程中最富有历史意义的一个重大事件。作为"东土小释迦"的智者大师,他既是此前中国佛教义学成果的集大成者,又是此后中国佛教发展之基础与基本方向的奠定者。他以独特的圆融精神、宏大的思想视域、深沉的价值关切,以及对于中国文化与民众生活情态的切实理解,基于《法华经》"开权显实""会三归一"的圆融精神,对佛教在中国发展过程中所出现的不同宗派及其思想与实践成就给予了全面总结,加以重新整合,从而实现了天台宗思想理论体系的宏大建构,成为中国佛教史上集大成的一位宗师。"五时八教"的判教系统,以独特的"历史维度"为切入,恰当处置了不同时段的经典文本及其所明教义的合理性,"逻辑地"维护了佛陀教义体系的统一性与完整性,突出了佛陀之本怀、其本根教义深契于众生之根机的有效性。同时,天台宗在理论上提出的"性具善恶""无情有性"等义理,将中国儒学中有关人的心理活动、精神修养和人性等理论吸收到佛学中,并且进行思辨论证,构建了天台学完整的思想体系,不仅直接影响其后的佛学各宗,并且对宋明理学提供了充分的理论依据;在止观实践中提出的"持息念""通明禅""六气治病"等实修方法,融摄了魏晋丹道修炼的终极境界,对后世道教修持也产生了深远的影响。

毫无疑问,智者大师博大高明、体精用宏的天台佛学思想理论,是中国佛教思想遗产中的珍宝,而对于天台宗教观体系的研究,则是一个永远都不会过时的常新"项目"。今日的世界,虽然物质资料的丰富已经达到很高的程度,生活资料的来源已经十分便利,但优渥的物质生活并未必然地带来世人之心地境界的提升。不论"出家""在家",自观己心,以洞达开明实相之体,从而实现在世生存的本然价值,在今日尤有必要。只有心地的境界提升,才有可能避免现实生命的堕落与沉沦。智者大师的天台教观,不论是在理论的意义上还是在实践的意义上,便永远具有提撕心灵的作用。

天台山高明讲寺是智者大师亲自创建的道场之一,始称"幽溪道场",是天台宗的根本重地之一,在天台宗史上具有特殊的重要地位。智者大师曾在此讲经说法,教授弟子,并注《维摩经》。明代传灯大师重振幽溪道场,著述宏博,影响广被,使天台宗得以中兴。今高明讲寺住持了文大法师,身在幽溪,志在天台,思奋其力以重振智者之教,他除了继承恩师觉慧法师遗志,重建高明讲寺以及保护周边文物之外,还约请朱封鳌先生主编《天台山幽溪讲堂系列丛书》。首批六种书各具特色:《天台山高明讲寺志》记录了从智者大师开山建寺直到觉慧、了文法师续建古寺的劳绩;《天台山历代高僧传》《天台山佛教文化漫谈》《觉慧法师传》《天台山异闻录》等,记录了以天台宗为代表的天台山历代高僧的硕德懿行和天台山深厚的宗教文化底蕴;《名山佛教文化》专辑则是觉慧法师创办的意在弘扬全国各大名山佛教文化,使中华佛教走向世界,成为构建和谐世界的一种精神力量。

　　主编朱封鳌先生为天台人,非但娴熟于天台历史掌故、山川风物、文化民俗,尝为《天台县志》总编纂,更精研天台教观,于智者之教造诣精深,有《法华文句精读》《朱封鳌天台集》等著述多部,并与月净大法师共同主编《中华天台学系列丛书》。然则了文大法师之弘扬天台教观之志,藉与朱先生同编"天台山幽溪讲堂系列丛书"而得以少伸;朱先生于天台教观之精研覃思,又因了文大法师之笃志而更加抒发。志志相即,心心归原,智者大师之教,将随本丛书之编纂而重光,其影响广被而切实有益于世道人心,岂复有疑!

　　丛书将成,蒙朱先生不弃,嘱余为序。余晚学则岂敢,然不获辞,遂略叙粗心,权以为序,也以就教于海内外方家云。

2015 年 12 月 10 日
于浙江大学佛教文化研究中心

缘 起

释了文

　　天台高明寺,是天台宗创立者智者大师亲手创建的道场,初名为"幽溪道场",历经兴废。据《幽溪别志》载:智者大师(538—598)于陈宣帝太建年间(569—582)来到天台山,建起修禅寺。一日,他在修禅讲堂讲《净名经》时,僧众忽见幽溪涧底,飞架七宝虹桥,方广圣僧来集,或执手炉,或持幡盖,虹桥飞驾,直至讲堂。又一日,智者大师讲《净名经》时,忽风吹经页,翩翩不下。大师杖锡披荆,随经所往。过5里多路,经页始被风卷下地。他见这里峰峦秀拔,清溪鉴心,既感其事灵异,又爱其地清幽,决心在此建阿练若,修头陀行。于是,"诛茅为茨,编荆为户",建起幽溪道场,聚众讲经,弘扬佛法。至今已有1400余年,堪称千年古刹,在中国佛教天台宗的发展史上具有重要的地位。

　　盛唐时期,幽溪道场规模扩大,正式改建为寺,称"净名寺",盖取智者大师当年在此宣讲《净名经》之意。后唐天祐年间(904—907),改名为高明寺,以"日月二曜,常照其下,聚而不散",又高又明,故名"高明"。

　　宋元以后,高明寺年久倾圮。直到明万历八年(1580年),传灯大师来此隐修,发心重建寺宇。他命徒正迹出山募集9年,铸成三尊铁佛。随后,陆续建立僧寮、禅院、楞严坛、山门、两廊、钟楼、藏经阁。深山穷谷,大多是大师讲经檀施所得,得寸做寸,得尺做尺,前后长达32年。高明讲寺的重新建成,除了传灯大师殚力主持外,辅翼者先有无脱传衣、午亭正时,继有文心受教诸师。直至钟楼落成,已臻鼎盛,殿宇宏丽,僧人多至千数(杨应桂《高明寺创建钟楼记》),俨然名山大丛林。传灯大师不忘师恩,在寺内建小宗祠,尊百松大师为师祖。

为了弘扬佛法,传灯大师在寺内建立幽溪讲堂,定时讲授天台宗教义,远近僧众皆来求学。传灯大师在讲授《摩诃止观》之余,还与弟子一道,为唐代湛然大师所著的《摩诃止观辅行传弘决》增加科判。因而被誉为"台宗中兴之祖"。

明清以来,高明讲寺为天台宗著名古刹,国内台宗高僧皆来朝礼。民国期间,谛闲大师、兴慈大师、宝静大师、观通和尚等台宗龙象俱曾寓此,静权大师亦曾来此说法。

中华人民共和国成立后,人民政府执行宗教信仰自由政策,高明讲寺实行农禅并重的百丈清规。僧众躬耕农田,修持精进,净化圣域,爱国爱教。寺内道风丕振,名僧辈出:如书法名家寒叶法师来自湖北广济大藏寺,在此止观双修,认真阅藏;武术高僧海灯法师来此修习台禅和传授少林武术。但1966年开始的十年动乱,高明讲寺遭到严重破坏,僧众被迫离散,钟鼓不鸣。

党的十一届三中全会后,拨乱反正,重新贯彻宗教自由政策,恩师觉慧法师发菩提心,勇猛精进,与允净、宏英等师共议重建寺宇;法籍华人周勤丽女居士和美籍华人夏荆山居士等慷慨解囊,广大信众捐款资助,于1979年10月建成大雄宝殿,1980年重塑佛、菩萨、罗汉及天王像,并新建幽溪亭。藏传佛教格鲁派清定上师来此参学台教,传印大和尚曾来此修学天台教观,并给寺院题联等等。1981年10月,周勤丽女居士专程回国来寺举办"文革"后全国第一堂水陆法会,祝愿世界和平、人民安乐,并举行佛像开光、方丈升座典礼,法会隆重,盛极一时。

1983年4月,高明讲寺经国务院批准为全国汉传佛教地区重点寺院之一。十余年来,在恩师与全寺僧众的努力下,建成厢房、钟楼、放生池等配套建筑,梵宇庄严,焕然一新。同时,保护好寺内外智者、传灯等大师留下的珍贵遗迹。

1996年,恩师生西,万众景仰!为了继承恩师遗志,复兴高明古刹。我从1997年至2016年间,率领僧众重修钟楼、大殿,新建圣会堂、智者别院、放生池,新雕庄严的千手千眼观音、弥勒和祖师等石像。为方便香客、游客前来朝拜,集资建造进山公路和百松岭踏步道,新建飏经亭、曙光亭等。并请朱封鳌先生主编《天台山幽溪讲堂文化系列丛书》,许多学者大德均参与撰写,为弘扬天台山高明古寺的历史文化作出了奉献。

值此《天台山幽溪讲堂文化系列丛书》编成脱稿之际,承蒙中国佛教协会会长、全国政协常委学诚法师为丛书题签,浙江大学中国思想文化研究所所长董平教授为丛书赐序,百岁老书法家顾振乐先生题写书名,感恩之至!

2016年6月15日

前 言

朱封鳌

佛教自两汉之际传入中国,近二千年来,对中华民族的思想意识、哲学伦理、文化艺术、民情风俗等方面,都产生了深刻的影响,留下了灿烂辉煌的文化遗产。名山佛教文化,在佛教史上有着重要的地位。为了继承和发扬佛教优良传统,促进对佛教教理、教史和佛教文化古迹的研究,让海内外佛教学者交流佛学思想,开展佛教旅游活动;同时团结广大佛教徒爱国爱教,为社会主义建设作贡献,1993年,觉慧上人曾找我郑重商量,决定创办《名山佛教文化》专辑,陆续出版。

我接受任务后,经过认真考虑,起草了编辑方案,经与觉师一道修改后决定:

《名山佛教文化》在宣传宗教政策方面,决定经常向佛教界人士宣传中国共产党和人民政府制定的宗教政策、法律法规,从而使自己的言论行动符合法律和政策所规定的要求,以维护国家和社会的利益,也维护自身的合法利益,还将宣传中国共产党的改革开放政策,加强同台湾、港澳同胞之间的联系,以促进祖国统一;加强同东南亚及世界各国人民的友好交往,为促进国内外佛教旅游,维护世界和平,做出积极的贡献!

《名山佛教文化》在弘法利生方面,决定采取各宗并重和实事求是的原则,阐扬正信,弘传佛法,使佛教思想精神体现在日常身心活动和社会实践中,以净化自身,造福人类,普利众生;将同全国各地佛教团体、名山大刹及诸位善知识保持密切联系,随时报道各地弘法利生的消息,并相应地介绍国际佛教动态,使本专辑成为联系国内外佛教徒友谊的纽带。

《名山佛教文化》在内容方面,决定每辑分别介绍全国各名山大刹的佛教文化、文物古迹和历代高僧大德对中华民族思想发展所起的作用。主要栏目有:法语宝训、般若珠玑、绀宇巡礼、丛林瑰宝、大德掠影、法师摇篮、佛门清韵、名山佛史、中外交流等。内容丰富多彩,文章短小精悍。

当时,国内佛教界高僧大德得知这一消息,均十分高兴,表示鼎力支持,信函和墨宝如雪片般飞来!中国佛教协会副会长、上海玉佛寺方丈真禅大和尚亲赠墨宝:"研究佛学,化导人心,为发展名山佛教文化事业勇猛精进!"中国佛教协会副会长、上海龙华寺方丈明旸大和尚亲赠墨宝:"发菩提心,勇猛精进,努力办好名山佛教文化刊物,弘扬名山古刹,启迪智慧,广结法缘!"中国佛教咨议委员会副主席、浙江省佛教协会会长、普陀山方丈妙善大和尚亲赠墨宝:"宏传佛教,发扬大乘!"安徽省佛教协会会长、九华山祇园寺方丈仁德大和尚亲赠墨宝:"弘扬佛法,利益众生!"四川成都昭觉寺方丈清定上师亲赠墨宝:"《名山佛教文化》创刊志喜!"浙江省宁波市阿育王寺方丈通一大和尚亲赠墨宝:"弘法利生!"等等。

但是,由于机缘尚未成熟,文稿不足,加上觉师操办数座寺庙,法务繁忙,待到文稿足够时,不料觉师世缘已尽,悲悼曷如!

如今,为《名山佛教文化》题词的高僧大德,皆已往生西方,他们定然翘首在望。觉师的高徒了文法师为了继承恩师遗愿,也为了不负高僧大德们的期望,约请我整理当年留下的文稿,出版《名山佛教文化》第一辑。同时,考虑到天台山佛教文化研究在近几年有了新的进展,特选取四篇学者论文一并发表。

为了永遵恩师遗志,了文法师决定《名山佛教文化》将继续出版专辑。恳请国内外佛学界学者和各缁素大德共同爱护,竭力支持,使之编得更好!

目 录 | COMTENTS

总　序 / 董　平 / 1

缘　起 / 释了文 / 1

前　言 / 朱封鳌 / 1

般若珠玑 / 1

　　禅海珍言(三则) / (日)秋月龙珉 / 2

　　青山明月出甘泉 / 胡明刚 / 4

　　啊,人生! / 严　度 / 9

绀宇巡礼 / 13

　　东晋名蓝大佛寺 / 传　梵 / 14

　　禅宗名刹阿育王寺 / 宁　胜 / 16

丛林瑰宝 / 21

　　隋梅 / 净　智 / 22

　　渗金观音像和楞严坛铜镜 / 净　智 / 23

大德掠影 / 27

　　心曲 / 了　鸥 / 28

古刹与高僧 / 33

　　观宗寺与谛闲大师 / 式　悟 / 34

禅余说古 / 39

　　爱惜身边的鸟兽 / 寿　康 / 40

佛国游踪 / 59

　　游普陀 / 丰子恺 / 60

　　天台禅思 / 孟　还 / 63

法师摇篮 / 71

　　月夜遐思 / 禅　光 / 72

佛门清韵 / 75

　　台宗三字经 / 释净旻编 / 76

　　诗二首 / 觉　慧 / 79

名山佛史 / 81

　　九华山佛教文化略述 / 高振农 / 82

　　五台山殊像寺康熙御碑笺注 / 韦彦铎 / 97

　　天台山历代佛道盛况考析 / 朱封鳌 / 100

当代论文 / 125

　　天台学研究刍议 / 杨曾文 / 126

　　尚和合的时代价值 / 张立文 / 131

　　天台宗北宗的发现和研究 / 温玉成 / 137

　　天台宗圆融思想的现代意义 / 杨维中 / 140

海外交流 / 157

　　近代以来天台宗在海峡两岸的弘传 / 刘永华 / 158

　　访韩散记 / 锦　鸣　晓　平 / 167

佛苑简讯 / 173

　　温岭市明因讲寺举办居士学修班 / 174

　　万年寺发现谛公传戒匾额 / 175

　　浙江发现峰山圣地在日本引起轰动 / 176

工作交流 / 179

　　打造宗教文化名山须契理契机 / 欧阳镇 / 180

般若珠玑

禅海珍言（三则）

（日）秋月龙珉

一宿觉

永嘉玄觉和尚(675—713)年少时便学经论。学习天台宗，精通止观(止即禅定，观相当于般若的智慧)，一日读《维摩经》得悟。可六祖的弟子玄策却告诉他："无师自通自悟，是外道，不是证悟自己本性的佛道。"于是玄觉决定去拜访六祖。

初见六祖时，玄觉绕着六祖的禅床走了三圈，拄着锡杖傲然兀立。六祖道："出家人有出家人礼节，你是从哪里来的，竟这么傲慢无礼？"玄觉答道："人的生死关系事大，万物变化迅速无常，什么礼节，我顾不上这么多了！"六祖又道："既然如此，为何不证取不生不灭的大道，除却忧患烦恼呢？"玄觉又答："大道本就是无生无灭的，而万事万物也无迟速可言。""正是！正是！"这时玄觉才端正了威仪，作了礼拜，说："谢谢教诲，我告辞了！"六祖说："你干嘛要这么急着回去呢？"玄觉即答："我根本动都没动过，哪里谈得上匆忙？""谁晓得你动没动过呢？"玄觉机锋相迎道："那是你产生了分别心哪！"六祖见他是大器，便对他说："好！你暂且留在寺内宿一夜，明日再走吧！"

这样，他才得以承嗣六祖之法；时人又称他为"一宿觉"。会六祖以前，他既已悟得，到六祖处印证后，才成为一代宗师。

说似一物即不中

南岳和尚初参六祖时,六祖问:"你从何处来?""我从嵩山来。""来的是什么东西?"慧能的问意是:从嵩山千里迢迢到曹溪来求道的人是什么东西。南岳当时没有回答出来。经过长时间的真心参禅后,终于悟了六祖慧能所指的"东西"。他的传诸千世的回答是:"说似一物即不中"。你要说它像什么,那你就会马上偏离它。六祖听后又问证道:"是否还得加以自我修正呢?"南岳答道:"我不敢说不要以修正,但我可以说决不会污染它。"慧能大喜,印可了南岳,说:"你的看法正好和我的看法相同:这个不会污染的,正是我们要留心护持的。"

随流去

大梅和尚(752—839)得马祖道一"即心即佛"一语而悟后,便在山路结庵隐居。有一次,马祖法嗣的盐官和尚手下有一名云水僧,在山中迷了路,遇到这位仙人般的老和尚,便问:"您在山中住了多少岁月?"大梅答道:"我只看到四周的山变青,又变黄了而已。何年何月我不去管,山中无日历。"云水僧又问:"从哪条路可以走出山呢?"大梅即答:"随流去。顺着溪流,你就会走到河口,见到市镇了。"行为原本很容易,许多条条

随流去　陈曾豹绘

◇ 般若珠玑 ◇

框框往往使得你寸步难行,所以要自己寻找自然的路。这位云水僧回去后把这事告诉了师父盐官。盐官知他同是马祖手下的门生,便叫小僧带一封信给大梅法常,恳请他出山说法。可是大梅拒不应答。

大梅讨厌浮世的亲近,为此他留下一偈,便移到更深的山里去了。偈云:一池荷叶衣无尽,数树松华食有余;住处刚被世人知,更移茅舍入深谷。

* 人生感悟 *

青山明月出甘泉

胡明刚

此际,夜深人静,万籁俱寂,当我读完一本书,写完一篇文章,我就打开简陋组装的音响,听一曲喜爱的梵呗音乐。在平和庄严的旋律中,在钟鼓木鱼的击节里,我轻轻地扒开窗门,任仲夏的晚风拂在我的脸上。我顿时进入一种清凉和畅的世界。那和风,是诸佛菩萨的手,抚我破碎的干涸的心田,多么柔润,多么安祥,遥望郊野外的丛林和起伏的山脊,还有街衢中通明的万家灯火,更有如水皎洁的星月,端坐在梵呗音乐里,寂静在纯洁月华中,渐渐地我拥有一种禅。

我的心地忽而澄清起来。我第一次感到佛和禅此刻与我是那么亲近。

以前,我老是以为佛和禅是虚无缥缈望尘莫及的,如隔云看山,隔水观岸,高不可攀,深不可越。而现在却如武陵人进入桃花源,豁然开朗,涉目成趣。我额头上犹如开了另一双天眼,瞥见苍穹中闪烁的一盏长明灯,给了我大智慧光、大圆融光、大因缘光、大解脱光。我终于明白,佛境在于心造,皆为意得,在平常中悟道,在苦难中求乐,"平常心是佛,烦恼即菩提",佛和禅,终于在我眼前展开一片幽林,一带流泉……

我曾经自怨自艾消沉过,久在迷雾中不见明月的朗照不见清泉的倒影,自然有些浮躁孤寂而落寞。而今,我在这样宁静的夜晚里反观紫陌红尘,顿时就心清目明了。我明白许多朋友和同事时时为我操心,说我的处境根本不怎么乐观。譬如三十郎当岁了没有成家立业,工作不牢靠,经济没保障,住房、地位什么的简直像海市蜃

清泉石上流　陈曾豹绘

楼。他们教我千万不要去学佛修禅,不要去读书写作,要竭尽全力多扒分,否则永远贫穷。仔细想现实确有许多地方令我苦恼,但我知道我根本不是他们说的那块料,所以要找个法门解脱出来。那天我游览天台山的华顶寺,见到山门上的两块匾:"容大千界,入不二门。"顿时大彻大悟。忽然觉得这对我是极大的教化。我开学尝试读了一些佛禅的书,我发现,一切都是缘,随喜而作,随遇而安,是一种极好的智慧。我的生活是清苦的,佛说苦集灭道是四谛,人生说到底是个苦字,而吃苦也是一种自我完善自我超越的极好方式。苦中求乐是一种艺术,也是一种崇高境界,譬如佛家的坐禅和化缘,是树立良好心境的基本功,至少使我们坚强起来。我开始忘我地工作,在业余时间,邀请几位朋友烧几道可口的饭菜,喝几瓶清凉的汽水,听几张喜欢的CD,写几篇潇洒的文章,或者去荒郊野外看黄黄的油菜花,蓝色的紫云英,在林荫道下流连,在磐陀石上坐卧,恰遇萧寺的钟鼓悠然响起,那就是一种纯自然的颖悟;走到乡村,看到农舍苍老的瓦檐和倾塌的老墙,看那小桥流水望那竹篱茅舍,在农家的木屋堂前,喝几碗浓酽的山茶,听几

首民歌童谣,竟然觉得是无上的美丽。我想起《古今神师语录》中的话:"常常反省自身,事事身体力行。禅就在现在,在这里,在你的心上。"

我不知自己是不是在修禅在学佛,但仿佛在身周升起一股喜悦和欢愉的情感之流,我进入了禅境,沐浴着佛光,心底不再感到空虚。

我皈依于佛法,向往着禅境,不是一时三刻的冲动,而是我的宿命。我知道我所处的环境是悲苦无奈的,身周的一切令我无所适从,而佛和禅使我生活得很充实。我的家乡天台山是中国的佛教名山,是天台宗的发祥地。一说到这里自然和人文和谐的风景,我就感到分外自豪。在孩提时代,我也从破败的廊庑殿宇之间在残瓦断砖中回想到当年的辉煌,收集到许多神奇动人的佛话传说,尽管对佛教的真正理解非常肤浅,但随着年岁的增长阅读的增多,对佛学的兴趣就更加浓厚,佛和禅时时影响着我的人生,影响着我对文化艺术的苦苦追求。

自打我刚记事起,就听到母亲念得最多最勤的是"南无阿弥陀佛"。这是一句最普通最常见的佛号,其内涵是非常深厚的。悲伤时念"南无阿弥陀佛",痛苦时念"南无阿弥陀佛",欢乐时念"南无阿弥陀佛",总觉得"阿弥陀佛"如水如空气如盐巴如粮食,虽然平常,但是不可缺少的。后来才知道"阿弥陀佛"是"无量福寿"的意思,我也看到《阿弥陀经》分明勾勒出一个我们所向往的理想国度,描画出我们所向往崇尚的极乐佳境。礼赞着生命和欢乐是我们无上的福分。所以"阿弥陀佛"寄予我们朴素的感情,因此他最深入民众,旨趣是无穷的,内涵是丰富的。前几年,我的朋友马亦龙兄就从"南无阿弥陀佛"这句佛号中发现内在气息的调和和音乐的节律:念"南无阿弥陀佛"是呼,念"佛"用吸,在吐纳中蕴含着气功入静的奥妙。因此触发了灵感的他发明了气功入静仪。我想"南无阿弥陀佛"这句佛号是非常完美的,就像二百来字的《波罗蜜多心经》一样把佛的精粹全部涵盖了。这不就是佛家最好的艺术表达方式么?

少年时,我常去村里的佛堂,那里是很自在的,没有清规戒律,恰能得大自在。天台民间有"走八寺"的习俗,就是在春节期间,信佛的老人们要拜谒八个寺院,也是一种徒步健身旅行。在西藏,许多信士不惜卖掉家产一步一磕不远千万里朝拜布达拉,也有点异曲同工之妙。有这样的一种精神我们有什么事情办不成呢?这需要一种正直的启蒙。我懂得佛家有一种叫做《宝卷》的东西,如《花名宝卷》《刘香女卷》等,属于说唱文学范畴,像敦煌的曲子词一样,都是琅琅上口,通俗易懂的,就像我们的民间歌谣。这是真正的人间佛教大众禅学,它能很好地深入民众,这是佛与禅文化的另一种独特的存在方式,同样是让人发慈悲心誓愿的,对我来说也是菩提甘露的滋润。由此可见佛家的教化是雅俗共赏的,佛的高明就在此处。

或许有人说那种乡村的佛堂太没有档次,粗陋不堪,其实这是一种对佛和禅的误解。我认为佛和禅不老是正襟危坐在莲台上,他是真正走进陋街里巷,走进芸芸众生,走进苦难百姓的心坎。要做到这一点确实需要通俗的教化,去真正的启蒙,他要投身于我们的日常生活中,才显得真切、体贴、自然。真正的佛和禅并不在于文化和地位的高低,也没有主次的区别。真正的禅是大自在大逍遥,是灵性的毕现。我游览天台山,印象最深刻的是济公、寒山,还有国清寺中的弥勒,因为他们最朴素,逍遥自在,很有佛的精神,看了很觉轻松裕如。或许禅智者是压抑着的,地位是微贱的,正是处于生活中的最底层,佛旨的禅意也更加刻骨铭心,悟心像磐石下的春笋一样破土而出,布袋和尚临终偈语云:"弥勒真弥勒,化身千百亿,时在红尘中,不被人所识。"说明真正的禅常不被人领会和理解,陪伴的是孤独的困苦。试想,济公只是一个小书记,寒山拾得是不起眼的伙夫,六祖慧能是一个砍柴的小和尚。为什么恰恰他们会灵机毕现呢?谁说他们不是佛和禅呢?作为真正的学佛者应当有海纳百川的气度,无论在什么时候,始终给人以微笑,以宁静,以平和,以智慧,以温馨,以情感……这不是艺术和艺术家的一种内在美么?

我终于明白禅和佛就像我们平常写文章一样,并不在于外在词藻的华丽,而在于内在的风骨精神气度和趣味。丰子恺的《护生画集》就是一种极致。"我肉众生肉,形殊体不殊,本来同一性,只是别形躯"是一种极致,弘一的"问予何适,廓尔忘言,华枝春满,天心月圆"也是一种极致。敦煌壁画中的萨埵那舍身饲虎和印度的佛本生故事,则是一种全身心的投入,施恩泽于苍生群黎,是学佛和修禅者必须具有的道德和精神素养。只有这样,才能在格物极致,物我合一,臻入化境。无论从沩山作水牛,桥流水不流等等,都是万物的灵性所在。我们常走过荒野,看到一朵小花,看到一只蝴蝶,总有许多无上的美感,这蕴含着的是世界上客观各自存在的精奥。我们也在探询这种妙谛,犹如在作科学研究一样,每一种新发现都是融进各自的生命体验。原来这就是佛和禅的精粹,是佛和禅的本性!

我们是应当感谢佛和禅,这毕竟是一种积极的生活,快乐的源泉。他教我如何平淡地看待人生。真如佛经所说的那样,是法平等,大自然和社会给我们的恩赐是一样的,在于你如何去把握,如何去珍惜。有些东西是不可强求的,但也明白无法得到却又刻意追求的东西,在不经意中倏地擦肩而过。就像写文章一样,越是苦思冥想,笔墨越是黏滞,当灵感一出来,文思就喷薄如泉。许多福分常在不经意当中降临,禅觉亦复如是。前几天我读过德国一位漫画家的作品《父与子》,当两人看到一棵树上最后的一个苹果,他们用拐杖去打,用靴子去扔,苹果就是掉不下来。当他们转身离去时,苹果恰恰掉下来了。佛教我平静,当我在烦恼平静焉的时候,我已经进入了禅境。我周围熟悉的一些人过于"贪嗔痴",缺少"戒定慧",最后也失掉了根本,日子过得很沉重,终于以悲剧收场。而在我们的眼睛中,他们也能体现

丰子恺　只是有云浮云上,教人错认作山看

很好的佛性啊。

《金刚经》说,"一切有为法,如梦幻泡影,如露亦如电,应作如是观"。说到底是一种浓缩了的时空,也是一种广阔的胸襟。禅是一闪念,佛是一火花。但绝不是虚无缥缈的东西。禅在我们的心中,一念可化三千大千世界,一念可以使污淖化为遍地的红莲。发无上心,方能成正等觉;发平常心,也可入平常禅。曾看到佛书上说的一句话,佛法包括入世法、出世法和世间法,而以世间法为究竟。这是非常正确的道理。逃避世尘自命清高不是佛,平平庸庸浑浑噩噩的不识禅,而真正的禅和佛也蕴藏在我们的日常生活中,只要我有万物为我所独具,万情为我所独钟,生活在这人间,就像静看风景,穿越林间小道,跳跃山中小溪,采一朵小花,捡一枚野果,拾一颗小小的鹅卵石,细细端详,慢慢品味,生活又是多么美好。当我拥有生活上最真实的禅意的时候,顿时觉得耳边的梵乐更加流扬,星月更加皎洁,天空更加幽净,灯火更加灿烂。

佛和禅毕竟是积极的,青山明月出甘泉!

我静静的闭目养神,便看见心中端坐着真正的一尊佛。

啊,人生!

严　度

佛陀成道后,在鹿野苑对弟子说《转法轮经》,广演"四圣谛",其中第一谛即"苦谛"。苦有三苦、八苦、十苦、甚至百一十苦,而口头常称,莫如生、老、病、死诸苦。对于苦,过去世不可知,未来世不能知,惟独现在世,耳濡目染,略有所知;诸苦于人，均不由已。

人身难得，但不知如何而得，这是身不由己。既得人身，浮生人间，即在三千大千世界粉墨登场，从此开始流转变化，"无常"，"无我"。人生是个万花筒，如几片玻璃变幻出种种花样，却无一个相同。有人聪明灵睿，有人愚蠢无知；有人发财，有人破产；有人沉醉温柔乡，有人挣扎危险地；有人行善，有人作恶。此间是一座小城，半个世纪前还是沉静的处所，当今人口猛增，芸芸众生，你挨我挤，匆匆忙忙，在人生道上各不相让。矛盾激化，于是导致殴打、厮杀，太阳底下，陈尸道上，不乏例子。

"如花美眷，似水流年"，"昨日少年今白头"，这是老不由己。抗衰老药不顶用，迟暮姗姗而来。美容师殷勤地给你消除几分老态，终不免耳聋眼花。李叔同（弘一）有一首名曲，哀怨地诉说着"镜里朱颜，愁遍白发，光阴暗催人老。纵有千金，纵有千金，千金难买年少！"老对众生一律平等，唐人许浑《秋窗随笔》诗中有句："公道世间惟白发，贵人头上不曾饶。"当然有不伤老的，香山曾作壮语："莫道桑榆晚，余霞尚满天。"宋人也有诗："劝君莫恼鬓毛斑，鬓到斑时也自难。多少朱门少年子，被风吹上北邙山。"还有自称"不服老"的，当他醒悟不能违背人生规律时，又悄悄收起从前的豪言壮语。伤老也好，不伤老也好，不服老也好，结果谁都老。

草木要病，禽兽要病，人身要病。人不爱病，而病魔翩翩而至，这是病不由己。病是人生道上的障碍，跨过障碍即病愈。谁知前途还有障碍，又得去跨。跨过一道又一道，真如田径场上的障碍跑。若问终点在哪里，一般人不去想，有人去想，惘然了！六十年前一位俏丽的姑娘，当她老病卧床时，两手沾满粪便而不自觉，当时的姑娘想过吗？

死连帝王也难免，他们获得的医疗资源远胜蚁民，橘井杏林，得天独厚，而人生最后一关，也无能捐免，圣驾崩殂了，这是死不由己。人以百岁为寿星，对此宇宙之永恒，实不如石火一闪。秦始皇没有找到不死药，只留下浩大的始皇陵，威武的兵马俑。苏东坡的《髑髅赞》有句道:"黄沙枯髑髅,本是桃李面。而今不忍看,当时恨不见。"丰子恺作过一幅漫画,在荒烟蔓草中露出一颗头骨,落款是"从前打雪花膏的地方"。美人乎?俊士乎?均不得而知。

有人恋生而心怀难言之苦,月白风清之夜自杀了!天下没有一个人在得意时刻自杀,酷爱生命,人同此心。而"苦谛"难解时,却肯轻掷生命。1993年11月30日,荷兰颁布世界上第一个"安乐死"法律,这是合法的借他人之手的自杀,这是对必死而痛苦不堪者的"安乐解脱"。求死得死,似遂大愿,但这是求生不得而求死,仍跳不出死不由己的框架。人生如此严肃,不允许任何人有丝毫违背。

据说佛陀年轻时,某次出城游玩,在东、南、西三个城门碰到老人、病人和送葬的人,最后在北门碰到修道的沙门。这位敏感的青年深悟人生无常,要求从中求得解脱,于是离家出走,自剃学道。他不愿糊涂地浮沉在生死之中,他要追求人生的奥秘、宇宙的真实,终于在菩提树下开悟,得阿耨多罗三藐三菩提(无上等觉正觉)。

世尊问弟子:"人生竟有多长?"一弟子答:"五十年。"世尊说:"不对。"又一弟子答:"四十年。"世尊又说:"不对。"第三个弟子答:"三十年。"世尊还是说:"不对。"众弟子惊问:"那么,请师父说明,人生究竟有多长?"世尊说:"人生只在呼吸间。"

佛说"不生不灭",诚然,世上没有长生不死的人。来自自然,回归自然,理当不必烦恼,不必悲哀。那么,既灭之后将归何处?佛指示一个庄严美丽的净土。《阿弥陀经》如此描摹:"从是西方,过十万亿佛土,有世界名曰极乐。……其国众生,无有众苦,但有诸乐,故名极乐。"这不是所有人可以企及,只有修养持戒的人方可往生,广大佛陀信徒正在虔诚地前进。今人提倡建设人间净土以庄严西方净土,那么,此境能否到达?也有难处。既称"人间",其人无数,良莠不齐,鱼龙混杂,人间净土怎能普及!除了西方净土和人间净土,应该还有一块净土,可名为心中净土(即《净土生无生论》中所强调的"正念")。只有这块净土可永荷圣洁,心灵美者已经进入这块净土。对他们来说,污秽横流不得侵,邪恶诱惑不可夺,如莲花出污泥而不染,所以显得分外精神。

绀宇巡礼

东晋名蓝大佛寺

传 梵

新昌大佛寺位于浙江东部新昌县城西南石城中。东晋永和初（公元345年），高僧昙光开山，始名隐岳，同时，于法兰建元化寺，支道林立栖光寺，梁天监中合称石城寺。吴越改称瑞像寺，宋初赐名宝相寺，清初曰南明寺，清末始称大佛寺。1983年，国务院列为全国首批重点开放寺院之一。

大佛寺文化积淀深厚，自然景观更具特色。山间盛夏如秋，离世绝尘，恍如世外。寺周峻崖穿云，峭壁如削，四嶂相衔，环列如城。春日，新篁拂翠，绿柳扶疏，花映岩间，烂若明霞；入夏，清风习习，泉韵琮琮，浓阴蔽日，碧树生凉；及秋，丹枫如火，榆叶半黄，水净山明，天高云淡；寒冬，琼楼裹雪，洞窟垂冰，腊梅吐芳，松柏凝翠。阴雨迷蒙之日，岩岫出云，疏荡飘忽，山巅亭阁，翼然凌空；月光如水之夜，池泛波光，山笼轻纱，流萤数点，恍惚迷离。香客、游人自西口山门入，即能见到正对山门的1994年杏月新落成的昙光开山祖师舍利塔。经祖师塔，迤逦而过放生池上的大道，两旁古枫荫天，身边池水如砥，《石城古刹》牌轩横路，邑人陈山撰联，百岁老人苏局仙作书"晋宁开山天台门户，齐梁造像越国敦煌"一语道尽了寺院的历史、特色。进二山门，五层楼阁谷底拔起，雄伟壮丽，眼下重温"竹柏禅亭古，楼台世界稀"的诗句，令人浮想联翩。入大殿，蔡元培撰联、沙孟海重书"理哲家言同源西圣，华严法界现象南明"阐明了建寺渊源。回程放生池畔,有隋智者大师纪念塔。陈太建七年(公元575年),天台宗开山祖智者大师初上天台山,过访石城寺,瞻迎支遁、昙光法师的墓葬。隋开皇十七年(公元597年)冬,智者应晋王杨广(即后来的隋炀帝)召,离天台山赴江都(今扬州),经石城寺得病,自知世缘将尽,遂择石城山为圆寂之地,不再前进,并上书晋王请求庄严石城圣域,重新石雕弥勒像。

大佛寺的石雕弥勒佛像高15.6米,耳长2.8米。齐梁间(486—516),经僧护、僧淑、僧祐三世雕凿而成,世称"三生圣迹"。大佛鸿姿巨相,精美绝伦,中国佛教协会赵朴初会长题匾"宝相庄严"誉称江南第一大佛,为早期南方巨型石像代表作。

大佛殿西300米有千佛禅院,即古元化寺。齐永明间(公元485年)开凿石窟龛像,一千多尊石雕凿于窟内岩壁之上,佛小者仅数寸,纤巧优雅,均保存六朝风格,为世推崇。千佛禅院今为大佛寺组成部分,同属省级重点文物保护单位。

寺内幽境胜迹众多,有智者法塔、昙光祖师塔、摩崖石刻、刘勰碑、隐岳洞、支

大佛寺大佛殿

大佛像

遁墓、齐相井、幽溪泉、宋银杏、仙髻岩、天然胜境等。六朝以来，高僧大德护法巡礼彪炳史册；近代高僧印光、弘一皆垂文寺院。千年古刹，历经波劫，今整修殿塔，重振宗风，为海内外人士瞻礼游览之胜地。

大佛寺古时高僧星聚。梁慧皎作《高僧传》，入传者257人，足见其在全国寺院中地位之重要。近一二十年，通一、悟道二大和尚为大佛寺的建设呕心沥血，更是功德无量。悟道法师14岁出家，后受教于近代高僧宝静法师、静权法师、兴慈法师等大德，精研内典，世出世法，通达无碍，今为大佛寺方丈、绍兴市政协常委、新昌县政协副主席。德高望重，四众皈依弟子，广及海内外，数以万计。监院传实法师，亦博通典籍，精于梵呗，并雅好书法文辞。

禅宗名刹阿育王寺

宁 胜

阿育王寺位于宁波东南面，鄞县珠宝宝幢山南麓。它始建于西晋太康三年，为禅宗名刹之一，在中国佛教史上地位显著，尤因藏有一颗释迦牟尼佛的真身舍利（顶骨）而闻名于世。

阿育王寺是我国现存唯一的以阿育王命名的千年古刹，距今有1700多年历史。西晋太康三年（公元282年），僧人慧达结茅草创，东晋义熙元年（公元405年）始建塔亭禅堂，南朝梁普通三年（公元522年）兴建殿堂，梁武帝诏赐寺额为"阿育王寺"，明洪武十五年（1382年）册定为"天下禅宗五山之五"。阿育王寺几

阿育王寺

经兴毁,现存建筑除元代上下塔外,均为清代以后所建。寺院占地8万平方米,规模宏大,现有天王殿、大雄宝殿、舍利殿、藏经楼、宸奎阁、云水堂、钟楼等殿堂楼阁轩600多间,建筑面积3万多平方米。阿育王寺是省重点文物保护单位,也是国务院公布的全国重点寺院之一。

阿育王寺依山坡而建,从山门入,依次是鱼乐园、天王殿、大雄宝殿、舍利殿、法堂、藏经楼等,层层递高,形成一套布局完整的古建筑群。阿育王寺因舍利而闻名,因此供奉舍利塔的舍利殿,是寺内最庄严的场所,系1909年按北京皇宫模式建造,用黄色琉璃瓦铺盖,整个建筑金碧辉煌,鹤立于全寺建筑群中。此舍利为释迦牟尼佛的顶骨,与北京灵光寺佛牙舍利和西安法门寺舍利(指骨),为国内仅存的三处佛舍利,是稀世佛国珍品。藏舍利的舍利塔,塔身青色,高一尺四寸,宽七寸,五层四角,四面窗孔,每层雕有菩萨神像。塔内顶悬宝磬,极小的一颗舍利珠就在磬中,游客很细心窥视才可见到,因光线照射角度缘故,看到的色彩不一。传说如能看到红色,就能交好运,蓝色次之,黑色最糟。唐天宝二年(公元

743年),高僧鉴真第二次东渡,由岭南出海,到浙江海面遇飓风,获救后曾挂锡于阿育王寺也曾瞻礼过舍利。如今,阿育王寺内还保存了一尊鉴真塑像。历代帝王、高僧和文人墨客在此留下了不少手迹、碑刻。殿上有宋高宗书写的"佛顶光明之塔"匾额;月台两侧壁上有唐代万齐融撰文、范的所书的"大唐阿育王常住田碑";殿壁回廊还有宋代张九成撰书的"妙喜泉铭",苏东坡写的"宸奎阁碑记";殿后壁有唐石雕金刚,以及明清以来董其昌、梅调鼎、章炳麟等名人书写的碑、匾、楹联和铭志近百件。

阿育王寺为旅游胜地,风景优美,古迹众多。寺西侧的下塔、东侧的上塔,为唐玄宗天宝年间(742—756)所建。下塔系元朝至正二十五年(1365年)重修,采用砖木结构,高达36米,为浙江省仅存完整的一座元朝古塔。"文革"后,人民政府又对下塔进行大修加固,使下塔在保留元塔风格的基础上,面貌焕然一新。

阿育王寺所在的山被佛家称为"六殊胜八吉祥地"。这里相传有迦叶佛左脚踏过的迹痕,上盖一石亭,为"佛迹亭";亭旁有曲径可登山巅,登上峰顶,有"极目亭",可恣意凭眺,晴日澄空,便见东海,故又名"望海亭";亭下有"损岩",可坐十来人,古时常有文人煮茗赋诗;其下一丈余,有"仙书岩",镌书"才坤",相传为葛洪手笔;寺东里许有"金沙井",又称"龙潭"。寺前玉几山为太白山分支,山形如几,故名。

1986年至1987年间,住持通一法师根据寺院经济条件和发展需要,进行统盘考虑,分期分批,先后修建了被国民党飞机炸毁的大悲阁,在无异楼和殊胜殿遗址上建立了西塔楼,将落实政策收回的白云竹院改建为居士林,以供寺内助功居士作休息修持之用。

1987年至1989年间,通一法师还邀请有关人士续修山志,编成了记述自清末至1989年间寺史大事的《阿育王寺新志》。盛世修志,可谓为阿育王寺又立了一大功德。

随着改革开放的不断发展,近年来寺朝山进香参观游览的中外宾客日益增多,平时少则数百,多则数千,逢节假日或香期有时则多达近万人。来寺做功德、水陆道场、经忏佛事的人也日益增多,有本地的、也有外地的,还有华侨和港澳台等地的来客。为了适应佛教事业和旅游事业发展的需要,通一法师在修建旧房的同时,先后重建了禅堂,新建了开山堂、净业堂以及殊胜斋、莲香阁。在西塔园林内建造了两座凉亭并修建了两座石桥,逐步把西塔园建成了一处充满禅意的、自然风光浓郁的幽静园林。1992年至1995年,在寺院的东面,还修造一座东塔院,及佛殿、华藏世界、念佛堂等殿堂和其他配套工程,重现了阿育王寺一寺三塔的旧貌。

经过近十年努力,阿育王寺这座濒临损毁湮灭的千年古寺,终于变成了一座拜佛有殿堂,安僧有寮房,接待有大悲阁、宸奎阁等宾客用房,斋僧有大厨房,宴请有松光斋,出入有山门,停车有停车场,请经书佛像有法物流通处,购买经品有殊胜斋,品茗有莲香阁,休闲憩息有规模宏大、设施齐备的西塔园林,是名副其实的名寺大刹。正是:古刹逢世兴重兴,名山得高僧益彰。

丛林瑰宝

隋 梅

净 智

国清讲寺是佛教天台宗的祖庭,是智者大师(538—597)及其法徒章安大师(561—632)创建的一座古刹。也许是佛门流辉,绵延不绝的缘故吧,国清寺与古树息息相关,相互依存。国清古树群共有古树名木657株,其中有古老的隋梅、唐樟、明柏。五峰环抱,绿树葱茏,整个寺院掩映在繁花绿海丛中,云烟氤氲,气象万千。

隋梅

最可贵的是隋梅。它是国内罕见的古梅之一,系章安大师亲手所植,距今已有1300多年,胸径粗0.45米,树高10米,冠幅7米。主干半依斜靠院墙之上,苍虬多姿。每逢新春花开,香气四溢,吸引中外游客竞相拍照留影。"文革"期间,这株老梅枝疏叶凋,生长衰弱。20世纪80年代后,年年花繁叶茂,结果累累,一般每年收果30余斤,特制成隋梅罐头,食之益寿延年,成为名贵珍品。

天台宗九祖湛然大师(711—782),曾提出"无情有性"的殊胜思想。他在《金刚经论》中说:"无情有性……万法是真如,由不变故;真如是万法,由随缘帮。"认为心、佛、众生三无差别,即基于理性,众生的理具,和诸佛的已成,即理性之实现。隋梅久居佛寺之中,当有灵知,悟入大道,这正是佛法不可思议之处。

渗金观音像和楞严坛铜镜

净 智

六朝陈代古刹天台山高明寺,原有两件瑰宝,一为渗金观音像,一为楞严坛铜镜。

高明寺观音大士的灵验,是有名声的。据《幽溪别志》记载:本寺有渗金观音像,"高尺余,弟子幻心从四明典铺赎出,其价甚廉。归用灰汤沐浴,去其尘垢,方知渗金像也"。传灯大师(1554—1628)特建观音阁奉之。以后有观音大士灵应的异事。据明林国材《高明寺观世音灵应记》载:万历年间,高明寺因寺田荒歉不收,官粮无法缴纳。悬念遂命主簿拆卖法堂木材、砖瓦以抵逋粮。当晚,"主簿梦一女傲居,绰约如上真,庄严如天女,而璎珞离披,眉眼愁戚。初不解其何,晨起,而受命于令:拆高明寺法堂以抵逋粮者。入其堂,见大士像,即梦中女子,而相好泥涂,戚然动中而不忍拆其寺……归以告令,令亦悔之"。"观音护寺"的传说从此传开。旧观音阁早毁,渗金观音像亦佚。高明寺原方丈觉慧法师(1919—1996)有感于此,特重建观音阁,塑观音大士像,供十方缁素瞻仰,以结法缘。

楞严坛铜镜原为楞严坛之物,有16枚,每枚重12.5公斤,直径0.6米,今存1枚。高明寺的楞严坛为明代传灯大师所建。佛经有楞严坛记载,但直至明代中叶,西天、东土未闻有楞严坛建造。万历三十八年(1610年),传灯大师与僧众坐禅,耳根圆通,于蒲团上发大誓愿:倘能与法门相应,则戮力募建楞严坛。万历四十年(1612年),大师同法孙受教去苏州募化炉镜、幢幡、圣像等件,高明坛殿已先于当年正月初七建造。万年四十二年(1614年),苏州北禅寺请大师讲《法华经》,自夏至秋,募化毕就。万历四十三年(1615年),仲春望日,修造完成。

楞严坛铜镜(现藏国清寺博物馆)

传灯大师还详细记述了楞严坛造法:先在坛屋中间用高原5尺以下黄土筑成坛场,高3尺,方圆1丈6尺,成八角形。坛场上层取大雷峰5尺以下黄土,捣筛成粉,水中澄淀,取其中极细腻部分,拌和旃檀、沉水、苏合、熏陆、零陵、甘松、白胶、郁金、青木、鸡舌香等10种香,作为坛场泥土。场地中央一朵大莲花,花中置钵,钵盛八月露水。莲叶莲花之外,环绕16枚坛镜,两两相对。镜外置16个香炉,香炉之外,罗列各种供养。坛上构枰棋,为大白伞盖。坛屋后、左、右3方,均挂圣像。前方翻轩之内,为10僧礼忏之地。此系重地,只许预修者、值香者进入。其他附修者,一律在坛外,不得擅入。足见楞严坛的庄严、高贵。楞严坛修成后,明代文学家虞淳熙曾撰《楞严海印三昧坛仪碑记》,由大书法家陈继儒篆额、董其昌书丹,世称"三绝"。

据《幽溪别志》和碑记记载,传灯大师在楞严坛讲《楞严经》,诵经咒时,镜中能现诸佛之影,闻梵乐之声,"天乐鸣空,屡感灵异,一时缁素,稽首皈依"。

大德掠影

心　曲

了　鸥

不计吾有慧　是则慧之业

佛法是平常的,但有时也是不可思议的。

我庆幸于佛法有缘,近几十年来得以亲近诸名山高僧大德,聆听他们的教诲,得益匪浅。

这里说一件小事。

普陀山妙善大和尚是享誉国内外德高望重的大德。二十年前,我朝拜普陀山时,蒙妙公慈悲,奖掖后学,为我题字。当时,还曾聆听了他的开示,确有"听公一席话,胜读十年经"之感。

从那以后,我虔诚礼佛,虽因在职,工作繁忙,但每天早晚必诵经坐禅各一小时。坐禅时,虽然不能完全做到如《吉祥经》所说"八风吹不动"的境界,但也能做到如《起信论》所说"心若驰散,即当摄来,住于正念",根本没有过痴思妄想。

学佛以来,我很少做梦,这大概就是大慧普觉禅师所说的"心地既安然,魔境岂能

妙善法师(1909—2000)

扰"的缘故吧。可是,1997年4月的一天,我忽然做了一个奇怪的梦:梦见东方白浪滔滔,水色接天,四顾空蒙,杳渺无际。忽然海中涌出一山,山中分明有"观音阁"三字。这时天际金霞缕缕,间以青气,日轮欲起,如金在熔,摩荡再三,始升天际。金霞中忽见一放光菩萨,头顶光毫四射,足立云头,左手执拂,右手招我,并高声说:"了鸥,你来吧,来吧!"我惊奇地仰头呆望,忘了回答。这时,忽然惊醒,竟是南柯一梦。

我听过大德的教诲,故没有留恋梦境,醒来后依然坐禅念佛。

奇怪的是:第二天,我忽然接到某大居士的电话,说是普陀山妙公来信叫他和我同赴普陀山,协助修改新编的《普陀洛迦山志》。我联想起昨晚的梦,真的感到奇怪。

到普陀山后,我在向妙公顶礼之后把自己的梦告诉他,问这是不是一种预感,并请求开示。妙公听了,若无其事地开示说:"这没有什么,你不要当作一回事,日有所思,夜有所梦么。"并向我开示"一心不乱"和空、假、中的圆理。

然而令我不解的是:近几天我却不是"日有所思",我没有想到过普陀,没有想到过东海,而却突然做了这么个奇怪的梦,并且真的受到召唤,来到了佛国普陀山,见到了妙公……

这时,已是用膳时间,侍者给妙公送一粥和咸菜。我想到年近九旬、仍日理万机的妙公,为了兴办慈善事业,往往不惜千金,而自己的生活却这么艰苦。不禁一阵鼻酸。

回到普济寺我的住处,顺手翻阅着刚出版的(1997年第一期)《普陀山佛教》。刊中登载着《普陀山佛协各职能部门1996年工作总结和佛协下属各寺院工作汇报》,其中有寺宇建设情况,佛学院教学情况,佛教文物馆情况以及普济医院工程等等,真是林林总总,目不暇接。在妙公和全山僧众的共同努力下,佛国普陀山的声誉已经传遍四海。而身为三大寺方丈的妙公,却仍然是"淡薄以明志,宁静以致远"。正如莲池大师所说:"声名显著,宁之以敛藏;利养丰饶,守之以俭朴;

瞻养众多,守之以谦下。"(《云栖法汇·示讲主》)至于对我那梦的开示,除了阐述佛法的真谛外,我觉得德高望重的妙公还有如《大衷经》所说:"谦逊不自大,是则为智本。不计吾有慧,是则慧之业"吧!

大哉!妙公!

利益与同事　以此度众生

《大宝积经》云:"慈能除断忿恚根栽,慈能永灭一切过失……慈能超越热恼所侵,慈能生长身语心乐。"慈悲是佛的教导,是自利利他的圭臬。《大宝积经》还说:"布施及爱语,利益与同事,以此度众生。"布施、爱语、利益、同事,是菩萨"四摄法"。布施,是施财、施法(佛法)。爱语,是善言慰喻。利益,又称"利行",即做有利于众生的事。同事,指与众生同处同作,随机教化。

悟道法师(1921—2005)

新昌大佛寺的悟道法师,正是这样的一位大德。笔者亲近悟道法师已有不少时间,深感他"大慈大悲,常无懈怠;恒求善事,利益一切。"(《法华经·譬喻品》)他一天到晚,没有半点空闲,除了早晚值殿、镇日诵经和处理寺务外,还常常应邀外出讲经说法,教化众生,真是忙得不可开交。悟公平易近人,故皈依弟子曾亲昵地说:"师父真的要有三十六应身,才能支配这么多的工作呢!"悟公听了,摇摇头笑着说:"佛说,精进法是一切诸善之根本。《万善同归集》教导我们,要多作善事。《五灯会元》中也说:'时不待人,出息不保入息,更有什么身心别处闲用?'"

我们进入方丈室时,悟公正在忙着书写梵文经咒,说是几位贫穷而有病的弟子驱疾结缘。见我们远道而来,放下手中的活,应我们的请求,为我们开示。我们正在谛听,监院传实法师又拿着请柬进来,说是某寺院的车子已到门外,请悟公务必拨冗指导开光。但是,在我们的身后还有不少请求皈依的弟子,正排队等待着开示呢……

我深深感到:尊敬的悟公为法忘身,是身教更重于言教的!

天之成就人者多以逆

"天之成就人者多以逆。"这是印光法师的法语(见《印光文钞·复邓伯诚书》)。

佛家认为一般人都是顺着生死烦恼而流转,故称"顺流";而学佛则是力争上游,逆流而上,用"正慧"去精进努力,逆生死浊流而获得解脱,称为"逆流"。《孟子·告子下》中也有类似的话:"天将降大任于斯人也,必先苦其心志,劳其筋骨,饿其体肤,空乏其身,行拂乱其所为,所以动心忍性,增益其所不能。"

由此,我想起了智敏上师。

智敏上师,1927年生于浙江杭州。1930年因父执教于上海复旦大学,遂随父定居上海。1953年春,能海上师至沪讲经,他往听讲,深受感悟,矢志学佛。1954年春,上五台山。同年秋天,于清凉桥吉祥律院从能海上师受具足戒,开始了他那青灯伴黄卷的学佛生涯。智敏上师深入法海,解行并进,深得恩师能海上人的器重。"文革"期间，五台山的僧众受到浩劫，敏公上师的双腿因深受折磨，以致骨折。九死一生，回到上海，经医院截肢，才得保住生命，但双足已致残。其时，其父亲亦被打成"反动学术权威"，每月仅发40元的生活费，一家三口，赖以度日，生活极端艰苦。但上师仍然每天恳切礼佛，初衷未改。

1982年，上师被聘为上海社科院研究所宗教特约研究员，专心致志研究密学。1983年春，至厦门南普陀寺闽南佛学院任讲师。1984年任福建省佛学院教务长。1987年至四川宝光寺，兴办已停辍40多年的宝光佛学院，招收青年僧伽，培养僧材。1990年赴浙江温州任妙果寺首座。1992年至三门多宝讲寺任住持，重兴寺宇，讲经说法，春风化雨，桃李满门。

智敏上师为法忘身，不顾足残，1995年，跋山涉水去康定南无寺朝圣接法。南无寺住持大吉上师亲得康萨仁波切上师之传承，将无上大法传给敏公上师。并举行正规的接法仪式，大吉上师将法王帽从自己的头上摘下，亲手戴在敏公上师头上，对上师寄予厚望。

1995年10月至1996年1月，敏公上师又远赴澳洲弘法，讲述《俱舍论颂疏》等，从学者甚众。回国时途经香港，大开法席，香港佛教界传为盛事。著有《俱舍论略注》等。

上师主持的多宝讲寺法务十分繁忙，除了寺宇建设、讲经传法外，还依靠四众资助，大量出版和流通经书，使显密教法盛传于华夏南北，同时，在国外也有一定影响。

《大集经》卷三〇中说："复有四种精进，具足智慧：一者，勤于多闻；二者，勤于总持；三者，勤于乐说；四者，勤于正行。"我想，敏公上师是当之无愧的。

（编者按：智敏上人于1993年任三门县政协委员，1994年任三门县佛教协会会长，1995年任台州市佛协副会长，1998年任浙江省佛协常务理事。）

古刹与高僧

观宗寺与谛闲大师

式 悟

在中国近现代的天台宗发展史上,宁波的观宗寺具有重要的地位。提到观宗寺,人们都把它与谛闲大师的名字连在一起。

谛闲大师

观宗寺有着悠久的历史。它始建于唐代,初称保恩院。北宋至道三年(公元997年),天台宗十七祖知礼大师(960—1028)叹其颓弊,与觉圆法师经营十年,遂重兴之,改名为延庆寺,专讲天台教学。

知礼大师为振兴天台宗在延庆寺做了许多极为重要的工作。他居延庆寺期间,造弥陀、观音、势至、普贤及天台祖师像共20躯,印写经乘满1万卷。咸平六年(1003年),日本国遣寂照持源信法师问目27条,请答释。知礼大师遂撰《十不二门指要钞》答之。后来,他还为护教而同山外诸师反复进行辩驳,著《扶宗记》等。为天台宗的弘扬作出了殊胜的功德。

知礼以后,延庆寺渐趋颓废。元丰中比丘介然,绍兴中比丘清润等虽也曾修饰,但难以恢复旧观,后仅留下延庆十六观堂。直到民国初年,谛闲大师(1858—1932)接任观堂住持,并改名为观宗寺,观宗寺才重新兴盛起来。

谛闲大师,俗姓朱,出家后法名古虚,字谛闲,浙江黄岩人。生于清咸丰八年(1858年),幼年丧父,曾入私塾读书,不数年,以家贫辍学,到他舅父的中药店作学徒。由于他赋性聪敏,稍长之后,渐通达医道。

18岁时,随俗授室,自设中药店于黄岩北门,兼理方脉。越两年,以先后妻死子亡、慈母见背感悟人生无常,即到临海县白云山,依成道和尚剃度出家。24岁,到天台国清寺受具足戒,初学禅观,颇有领悟。26岁到平湖福臻寺敏曦老和尚座下,听讲《法华经》,理解渐开。奉命充为侍者,潜究经典,颇有领会。

光绪十年(1884年),27岁到上海龙华寺,听晓柔法师讲《法华经》,翌年又听大海法师讲《愣严经》,兼讲偏座——即小座复讲。是年应杭州六通寺之请,升大座讲《法华经》。某日在座上讲至《舍利弗授记品》,寂然入定,默不一语。逾时出定,则舌粲莲花。辩才无碍,答难析疑,舒展自在。他一生说法利人,肇端于此。

讲经圆满,回到国清寺闭关潜修。这时上海龙华寺方丈迹端法师,是天台宗四十二代祖,对谛闲十分器重,一再劝请他出关助理寺务,并任他为龙华寺副寺。谛闲到龙华寺后,一方面管理寺务,一方面在寺中听经。光绪十二年(1886年),迹端为他传法授记,授他为传持天台教观四十三世祖。此后数年,他应各地之请去讲经弘法,并在慈溪圣果寺闭关三年,光绪二十年(1894年)出关,先在上海龙华寺讲《愣严经》《四教集集注》,之后到各地讲经。光绪二十九年(1903年)谛闲46岁,首任永嘉头陀寺住持,这以后历任绍兴戒珠寺、上海龙华寺住持。

光绪三十四年(1908年),杨仁山居士在南京金陵刻经处创办新式教育的佛教学堂祇洹精舍,请谛闲去担任学监。祇洹精舍的学生中,缁众有太虚、仁山、智光、开悟、惠敏等人。一年后祇洹精舍以经费困难停办,谛闲受南京毗卢寺之请,开讲《愣严经》。这时江苏省僧教育会创设"僧师范学堂",谛闲以杨仁山之推荐,继月霞法师后出任学堂监督。

1912年,驻锡上海留云寺,在寺内组织"佛学研究社",自任主讲,先后讲《圆觉经》《百法明门论》《八识规矩颂》等。1913年,受宁波当局之请,出任四明山观宗寺住持。他受任之后,仰礼四明大师遗志,立志恢复祖庭。他募集巨金,重建大殿、天王殿、念佛堂、禅堂、藏经阁等,重为佛像装金,重订规约,以三观为宗,说法为用,改观宗寺名为"观宗讲寺",数年之间,使观宗寺成为东南一大名刹。

在接主观宗寺之后,他成立了"观宗学社",自任主讲,专功天台教观。1915年,应北京名流居士的邀请,北上在京中讲《楞严经》,京中善信,踊跃赴会,使他道誉远播。1918年,京中复设讲经会,由徐蔚如居士南下礼请,他乃再到京中讲《圆觉经》,由蒋维乔、黄少希从旁记录,讲经历两月始毕,成《圆觉经讲义》数十万言。离京之际,叶恭绰、蒯若木两居士各致赠2000银元,其信众亦有馈赠。谛闲即以此款,扩充观宗学社为正式僧教育机构,是时入学僧侣有仁山、妙柔、倓虚、静权、宝静、妙真、可端、常惺、显荫、持松等,后来这些人分灯于大江南北,各为天台重要法匠。

到了1928年,谛闲把观宗学社改为弘法研究社,由座下弟子宝静协助社务。宝静学识渊博,辩才无碍,讲经授课,亦深受学僧欢迎,由是入学者增多,研究社乃扩大规模,增加预科,培养了大批的佛学人才。同时,研究社发行《弘法月刊》,弘扬天台教义。

1929年,谛闲的门人倓虚,在东北哈尔滨创建极乐寺,就寺传戒,请谛师为得戒和尚。此时他已72岁高龄,不辞辛劳,远赴东北。四众闻风而来者人数极众,盛况空前。1931年,他又应上海玉佛寺的礼请,开讲《楞严经》。自春到夏,历时四月讲毕,期间从未请人代座,每次登座二三小时,从无倦态。

上海讲学圆满,返回宁波观宗寺,自感体力衰退,即电促时在云南弘法的弟子宝静返回宁波,为宝静授记,授为天台宗四十四代祖。1932年5月19日(农历七月初三),安详坐逝。临终前书偈曰:"我经念佛,净土现前,真实受用,愿各勉旃。"世寿75岁,僧腊55年。

谛师一生讲经说法40余年,岁无虚日。他先后修缮或重建的寺院,计有天台山的万年寺、永嘉的头陀寺、绍兴的戒珠寺、黄岩的常寂寺及海门的西方寺。他门下弟子众多,著名的有宝静、常惺、倓虚、妙真、显荫、持松等。在家弟子 10 万人,遍及各地,著名的有蒋维乔、徐蔚如等人。他生平的著作,主要有《圆觉经讲义》《圆觉经亲闻记》《大乘止观述记》《教观纲宗讲义》《金刚经新述》《楞严经叙指味疏》《始终心要略解》《念佛三昧宝王论义疏》等,后来由弟子倓虚等辑为《谛闲大师遗集》行世。

新中国成立后,特别是党的十一届三中全会以来,党和政府十分重视佛教文物,成立了观宗寺修复委员会。监院益行法师发大愿力,在悟明法师的协同下,正在为修复古老的观宗讲寺而努力。

禅余说古

爱惜身边的鸟兽

寿 康

鹿恸子肠断(《警心录》)

杀心放下即仙心,惨听哀鸣泪不禁。

沉痛尽头共儿死,此情无古亦无今。

许旌阳年轻的时候喜欢打猎。一天,他射死了一头小鹿,看到母鹿不停地为死去的小鹿舔舐伤口,过了好一阵也死去了。许旌阳觉得奇怪,就剖开母鹿的肚子查看,发现里面的肠子全都断裂了。许旌

王国安 护生画《有鹿在原》

阳生起深切的悔悟，折断弓箭，入山修行，后来得道成仙。

李斯义点评说：一旦悔悟，即可步入圣贤之道。人们只是由于不知悔悟，若能诚心忏悔，痛改前非，其成就不可限量。

鹤子点评说："过了好一阵"这几个字中，有多少心中的血泪！

鹿胎草（《人谱类记》）

> 舐儿痛恨彻心头，礼忏莲台悔未休。
>
> 芳草萋迷埋鹿处，斑斑犹有泪痕流。

陈朝的惠度，曾在剡山射中一头怀孕的母鹿，它受伤后产下一头小鹿，用舌头把小鹿的身体舔干，母鹿才死去。惠度见到后十分难过，便扔掉弓箭，出家为僧，在嵊县东修建了惠安寺。后来在母鹿死去的地方长出一种草，人们称为"鹿胎草"。

孕鹿哀跪（《警心录》）

> 不恤充庖念子哀，血飞霜刃已戕胎。
>
> 谁知哽咽心头语，跪诉屠前怒未回。

邵文立是梁朝人，世代以屠宰卖肉为业。有一次杀一头母鹿时，它正值临产，母鹿哀切地向邵文立跪下，眼里流着泪水。邵文立认为不吉利，把它杀掉了。不久他的身上起了恶疮，于是他为自己的恶行悔恨自责，把家产全部变卖，修建了小庄严寺。

鹿母悲鸣（《警心录》）

> 满腔杀气莽纵横，不到儿亡气不平。
>
> 转盼杀人还自杀，林中未断鹿悲声。

有一个叫章邵的人，富有而贪婪。一天凌晨外出，在林中遇见了鹿，母鹿看到人便赶紧逃走，他抓住小鹿把它杀死，丢弃在林中。母鹿远远看见，不停地悲号。这天章邵本来有别的计划,他的一个儿子刚刚成年,已经赶在他之前出门,走累了就在一棵大树下打盹等着父亲。章邵路过这里时,看见有衣物包袱就起了歹心,抽刀刺穿他的喉咙,抢了行李就跑了。等天色渐亮,他看看抢来的行李,发现杀的人正是自己的儿子。于是大声哀哭,痛恨不已,但已经晚了。

鹤子点评说:无端杀害母鹿的幼子,顷刻之间自己的儿子也遭残杀。天道的报应竟在一天内应验,真令人敬畏!此人居心贪婪狡诈,平时若用因果报应的道理相劝,他必然态度蛮横不信。即使恶报临头,也会以为命当如此,绝不改悔。他又哪里知道,那些被杀的冤魂是决不会放过他的!

麂爱子(《宣室志》)

抱子号啕首试回,弩机未发万灵哀。

叶飞谷动风悲啸,鬼导山君白日来。

庐陵有一个叫吴唐的人,喜欢打猎,箭无虚发。正值春暖时节,他带着儿子出门打猎,遇到一头母麂与它的幼子在林中嬉戏。母麂发现了吴唐,立刻带着幼麂逃走。幼麂却不知害怕,跳跃着又跑了过来,吴唐发箭把它射死。母麂远远看到,惊慌地跑回来,发出阵阵哀鸣。吴唐赶紧把幼麂放在地上,自己藏到茂密的草丛中,等母麂回来舔舐幼子,又发箭把它射中。这时又来了一头麂,吴唐刚把弩拉开,弩上的箭忽然自己射了出去,正好射中他的儿子。吴唐扔掉弩,抱起自己的儿子,捶着胸口大哭不止。忽然听见空中有声音喊道:"吴唐!母麂爱子之心,与你有什么区别?"他惊讶地环视四周,忽然一只老虎扑了出来,折断了他的胳膊把他杀死。

麂母随号(《警心录》)

乾坤万古不销沉,只此慈悲一寸心。

谁放西巴仙佛手,空山目送泪涔涔。

战国时期,孟孙在一次打猎时捕到一只幼鹿,派秦西巴把它带回去。母鹿跟在后面不停地哀鸣,秦西巴心中不忍,就把幼鹿放了。孟孙知道后发怒,赶走了秦西巴。过了一年,他又把秦西巴召回来,做自己儿子的老师。左右的人问:"秦西巴曾违背您的命令,为什么现在让他做公子的老师?"孟孙回答道:"秦西巴连一只幼鹿都不忍心伤害,怎能不善待我的孩子呢?"

猿乞子(《搜神记》)

> 乞子猿哀颡搏庭,忍看并命血风腥。
>
> 霎时树杪阴云合,恍惚虚空怒百灵。

临川东兴有一个人,进山捉到一只幼猿,把它带回家,那只母猿也一路跟到了他家。此人把幼猿绑在院里的树上给母猿看,母猿立刻向他叩头,好像苦苦哀求的样子。此人还是不肯放过幼猿,竟然把它打死。母猿大声悲啼,扑地而死。剖开它的肚子,里面的肠子已寸寸断裂。事后不到半年,当地瘟疫流行,这家人全都死光了。

颜光衷点评说:不忍心伤害一只幼鹿,可以成为公子的老师。而在母猿哀求之下狠心杀死幼猿,还配再做人吗?我同时又有这样的感想:母子亲情出自天性,即使是身为动物,其痛失幼子的极度悲伤,还能感召疫鬼,何况蒙受不白之冤的人呢?何况是仁人孝子的至诚之心所感动、所会聚,怎么能不兴云澍雨、裂石贯日呢?

孔柏容　护生画《育雏图》

猿号追子（《伤心录》）

百里追儿径跃舷，峡云阴惨不飞扬。

沾裳只听三声耳，啼到无声声更长。

东晋时，大将军桓温率军进入四川，路经三峡时，有人捉住一只幼猿。母猿沿岸哀号，随船走了一百多里也不肯离去，最终跳到船上，刚到就气绝身亡。在剥取母猿的皮时，发现它肚中的肠子已寸寸断裂。恒温知道后震怒，下令把捉猿的人从军中赶走。

猿遗乳（《伤心录》）

念乳无多暂止饥，相看含泪两歔欷。

秋风也似凄情甚，不忍溪头卷叶飞。

有一个姓彭的人善于射弩，进山打猎时，见到溪流对面一只老猴正在给幼子喂奶，就用弩射去，正中老猴的胳膊。老猴知道自己支撑不了多久，勉力抱起小猴喂奶，让它吃得饱饱的。还摘下几片树叶，把剩下的奶汁挤在上面，放在小猴身边。它的嘴里发出呜呜的声音，好像在教小猴怎样取食，然后大声悲叫着死去。几只小猴围在它身边，也呜呜地又叫又跳，悲伤不已。

猿垂死乳子（《警心录》）

毒矢相加顾子悲，藏身无计吴金丝。

乳中滴滴心头血，肠断慈魂入梦时。

武平出产一种猿猴，它身上的毛像金丝一样闪闪发亮，非常漂亮。小猴的色彩尤为奇异，它们性情驯顺，总不离开母猴。母猴机敏难以捕捉，猎人就用毒药涂在箭头上，伺机射杀母猴。母猴受伤后知道自己不行了，就把乳汁洒在林中让小猴吃，洒完后即气绝身亡。猎人剥下母猴的皮，对着小猴鞭打，小猴见了就会悲鸣着爬下树，束手就擒。每天晚上，小猴都要枕着母皮才能入睡，有的甚至抱着母皮跳着扑地而死。

李斯义点评说：母猴与小猴，无论生死都相互眷恋，它们的慈爱与孝义都到了极处。猎人为了捉到小猴，先用毒箭射杀其母，天下没有比这更狠心的了！

老猿悼子（《南史·鱼复侯子响传》）

悼子崖颠骨未收，闻猿驻跸几回头。

景阳山畔秋萧瑟，水咽云低各自愁。

齐武帝在华林园设斋，祭奠他的儿子萧子响，呜咽痛哭了很久，左右大臣莫不垂泪。几天后经过景阳山时，远远看见一只老猿跳跃悲鸣。随行的后堂丞说："这只老猿的幼子前几天掉到悬崖下摔死了，老猿到处都找不到它，所以才这样伤心。"齐武帝听后又思念起子响，叹息哭泣了很久，难以自制。

鹤子点评说：一个是呜咽痛哭，一个是跳跃悲鸣。泪水为什么不住地流淌？丧子之痛为什么如此难以承受？是唯有人类才这样呢，还是所有动物都有同样的爱子之心呢？

猿哀子不食（《合璧》）

只影凄凉老泪垂，啼声不断自忘饥。

区区一脔偿儿命，快绝猿心痛绝时。

从前有人养了母子两只猴，一天，小猴被一只老鹰杀死。母猴哀鸣着不吃任何东西，到厨房取来一片肉，顶在头上，站在院子里等着。那只老鹰果然来叼这块肉，母猴迅速将它擒获，两手用力撕下它的翅膀，咬碎脑袋，吞吃它的脑髓。

闻牛鸣（《左传》）

悔生骍角失团栾，哽咽人前欲诉难。

回首三牺成往事，可怜老泪尚阑干。

春秋时期,介葛卢到鲁国访问,听见一头牛的叫声,就说:"它的叫声是说:'我所生的三头牛,都被用做祭品杀掉了。'"有人向饲养牛的人询问,情况果然如此。

钟伯敬点评说:这位智者的话语,使人顿生敬畏,不敢随便杀生。不用等到弥勒菩萨降生,然后再说法劝化众生。韩范曾经说过:"介葛卢能听懂动物的语言,晋代高僧佛图澄能从铃铛的声音预知将要发生的事情。各种事物彼此相通的道理,往往超出了常人的经验范围。"读书求知的人,对自己没有见过的事,不要轻易加以否定。

羊恸羔自踯(《同生录二编》)

龘幄推恩轸物情,道旁羊踯讶哀鸣。

玉盘片片羔儿肉,暗有慈魂哭子声。

宋真宗在汾阴进行祭祀时,看见一只羊在路边徘徊,感到很奇怪,就询问是怎么回事。左右侍从禀告说:"今天御厨把它的羊羔杀掉了。"宋真宗听了很不高兴,从此宫中不再宰杀羊羔。

鹤子点评说:据《册府元龟》记载,贞观十八年,唐太宗前往九成宫,路过显仁宫,亲手给皇太子写了一道诏书说:"我昨天看见鹿群怀孕的很多,即使是没有身孕的母鹿,它们的幼子也刚生下来不久。母鹿若是死去,幼鹿自己无法存活。这些动物没什么智慧,君王应当从自己的切身感受去保护它们。"

又据《甲申杂记》记载,北宋时,御厨特意用羊羔的肉做成一道菜。宣仁皇太后说:"羊羔刚下没多久就遭宰杀,我对它的夭折感到很难过。"便拒绝食用,并下旨,今后在准备御膳时不得宰杀羊羔。

又据《同生录》记载,明太祖朱元璋在祭祀前,按照礼仪规定进行斋戒。礼部尚书牛谅说:"古时的礼仪中有规定,在重大祭祀的斋戒期内,可以宰杀牛犊为食,以补养精神。"太祖说:"像这样以太牢为祭礼的重大祭祀,每年也不是常有。

如果持斋三天,就要宰杀三头牛犊来供膳,这样岂不是太奢侈了?俭约可以节制欲望,恬淡可以顺养真性。如果不加节制,一味奢侈浪费,只能使损害物类的心得到增长,而对礼敬神明,为天下苍生祈福,却同有任何益处。"牛谅说:"《周礼》是古人制定的,不能说是奢侈。"太祖说:"《周官》上所规定的礼法,后后世不再使用的很多。可对那些生活享用方面有利于自己的,就要借口效法古人,这是什么用心呢?"

古代那些仁德的君王,能以这样的胸怀爱护生灵,是多么令人敬佩!这些君王的话语极为重要,对于爱惜民力物命,培养国家元气,具有重大的意义。

羊乞产后死(《昨非庵日纂》)

> 人羊转毂讵荒唐,争美盈疱李赞皇。
>
> 休怒行迟鞭见血,为儿一步一回肠。

白龟年曾经到过仙人的洞府,得到一部写在白绢上的道书,因此能识别鸟兽的语言。有一天他路过潞州,潞州太守知道他有异能,就把他请来面谈。当时正

丰子恺　护生画《妈妈不要去》

好有军士赶着大约三十只左右的羊群经过庭院,其中有一只羊怎么鞭打也不肯走,还发出阵阵哀鸣。太守问白龟年:"这只羊说了什么呢?"白龟年回答道:"这只羊说:'我的腹中怀着羊羔,马上就要临产。若能等产下羊羔再杀我,死了也心甘情愿。'"太守让人留下这只羊,验证一下白龟年说的对不对,果然没多久就产下两只羊羔。

李斯义点评说:即使听不懂鸟兽的语言,它们的欢喜和悲哀,仍然可以清晰地感知到。动物爱护自己的胎儿,与人类又有什么不同?因此对于有胎孕的动物,应该更加怜惜。

溺女感化(《广信府志》)

> 母魂惨惨绕刀盘,溺女滔滔欲挽难。
>
> 休薄吴儿心木石,村姑片语且回澜。

弋阳的方家墩有一户姓吴的人家,家里的母狗生了几只幼崽,吴某让仆人拿去扔到河里,仆人却私下把它们烹食了。当时母狗跟在仆人身后,亲眼目睹了这一幕惨状,它悲愤地嗥叫着,用头撞柱而死。村妇们知道后感叹说:"连一条狗都知道爱护它的幼子,何况是人呢?"从此当地溺女的风俗便逐渐停止了。

犬埋子骨(《述异记》)

> 埋骨荒园桑土新,几回衔饲历酸辛。
>
> 怕挥老眼思儿泪,滴到黄垆草不春。

南北朝时期的刘宋元徽年间,石元度养了一条黄狗,生下一只白色的幼崽。母狗对它特别疼爱,总是衔着食物喂它。等白狗渐渐长大,常随石元度出门打猎,这条母狗总在门外张望等候。后来石元度患了气喘病,渐渐加重,生命垂危。医生说:"必须用白狗的肺熬汤喝。"家人到集市上去买,没有买到,只好杀了家里的这条白狗,用它的肺熬汤。母狗痛失爱子,一连好几天又跳又叫。家人把狗烹煮了,与客人一起吃,骨头扔在地上。母狗就衔到一个空房里,又移到后园的桑树下,刨土掩埋,从早到晚都对着桑树哀叫。石元度的病情最终还是没有好转,临终前他对身边的人说:"白狗汤也救不了我的病,却枉杀了这条狗。"他的弟弟石法度,从此再也不吃狗肉。

李斯义点评说:《左传》记载,楚灵王听说他的几个公子被杀,伤心地扑倒在车下。读了这些记载,就会知道爱怜幼子之情,人类和动物都是相同的。

鹤子点评说:《吕氏春秋》记载,赵简子的一位手下将领阳城的渠胥,患了重病。医生说:"要能找到白骡的肝脏,病就能好,否则必死无疑。"赵简子便杀了自己喜爱的白骡,取出肝脏给他。这与石元度病重,杀白狗取肺的事很相似。渠胥的病是否痊愈,不得而知。而石元度却因为造下杀业,反而使病情加重而死。世上给人看病的医师,千万不要忽视动物的生命,否则会使病人的病情加重以致死亡。石元度临终时所说的"枉杀",不要以为是他的呓语。当知冤冤相报,人类和动物没有什么不同。他在说这话时显得非常痛悔,大概是在弥留之际见到白狗向他索命,才有感而发的吧!

豚媪哭声(《迪吉录》)

> 彭生豕立逐与啼,媪哭豚儿更惨凄。
>
> 说与老饕浑不信,睽车翻笑《易》无稽。

唐朝有一个人叫果毅,鄠县人,每逢家里来了客人,他总是买猪杀了招待。卫士家养的母猪生了十只小猪,都被他买光了。最后买的那只小猪在锅里还没有炖熟,果毅正与客人们交谈,忽然听见一个女人的哭声。果毅以为是他的妻子,进屋去看,哭声又没有了。回到客厅,又听见哭声。再进屋去看他的妻子,哭声又没有了。这样来回几次,后来进到屋里,就听见哭声在门外。到了门外,又听见哭声在屋里。客人们都很震惊,在席上心神不宁。仔细听这哭声,好像在说:"生了儿女十个,都被果毅吃光了。"听得清清楚楚,令人伤感,客人们个个都散去了。果毅受此惊吓便得了病,过了几十天就死了。长安城里的人们都在传说这件事。

鹤子点评说:古德说:"欲知世上刀兵劫,且听屠门夜半声。"像这样阴阴惨惨,真是满门都被杀气所笼罩。前来做客共享美味的人很多,讨还命债时要找的却只有一个。试问那时所受的痛苦,有哪个客人肯替你承担?

狙指腹(《湘山野录》)

敢同暮四与朝三,但乞生儿死亦甘。

解网主恩同感泣,一时佳话遍江南。

南唐后主李煜,一次在青龙山狩猎,网住了一只母猴。它看见李后主,泪如雨下,倒地叩拜,用手指着自己的肚子。李后主吩咐守林的官吏看护它,当晚生下了两只小猴。回到朝中,李后主前往负责刑狱的大理寺审查案件,发现关押着一个被判死刑的妇女,因怀有身孕而推迟刑期,不久在狱中生下一对双胞胎。李后主想起打猎时遇到的那只母猴,心有感触,就感免了她的死罪,改为流放。

鼠狼救子(《北梦琐言》)

狼子休云尽野心,狡猊智勇让渠沅。

长蛇浪喜撑肠饱,杀业深时怨毒深。

相国张文蔚的庄园在东都的北坡,庄内有一个黄鼠狼的洞穴,里面有四只幼子,被钻入的一条蛇所吞食。当时这对黄鼠狼父母情急之下,便在洞口外培土,使出口刚能容下蛇头通过。等蛇从洞穴里出来,在培土的地方探出头,黄鼠狼趁它来不及转身,拦腰咬断。然后剖开蛇的肚子,衔出四只幼子,还有微弱呼吸。这对黄鼠狼父母把它们放在洞外,衔来豆叶,嚼碎了敷在身上,四只小黄鼠狼都活了。如此微不足道的动物,竟有这样的真情与机智!

鹤自拔氅(《警心录》)

> 巍巍戢影老岩阿,无术将雏避斧柯。
>
> 愿舍己身全子命,喜心比似怨心多。

隋朝大业二年,太守何稠责令辖区各州县,按规定数量上交羽毛。于是百姓四处捕捉,当地鸟类几乎绝迹。乌程县有人进山捕捉,见一棵大树高百丈,上面有鹤筑巢养子。想去捕捉,可是树太高上不去,他们就找来斧头准备伐树。鹤知道这些人一定不会放过它,担心树被伐倒,会摔死自己的幼子,就用嘴拔下身上的羽毛,一片一片从树上投下来。

慈莺一(《同生录二编》)

> 睍睆声和侑玉卮,宫娥笑打小黄鹂。
>
> 烟花还我春无限,母子枝头话别离。

吴遹客在御花园里陪侍皇上,宫中有人捉走一只小黄莺鸟,母莺悲切地高声叫个不停,直到把小黄莺送回,叫声才安静下来。于是他作诗记述此事,诗中写道:"不念飞禽爱子情,绿阴深处捕雏莺。可怜调舌绵蛮韵,变作惊心痛裂声。要识放麑堪托子,须知渡蚁得延生。还渠子母融融乐,禁苑须教莫浪惊。"

鹤子点评说:教雏莺调舌鸣叫,是天地间活泼生机。失去幼子而惊惧不安,是天地间阴惨惨杀机。生与杀,全在人心之一念。古人有诗:"劝君莫打三春鸟,儿在巢中望母归。"读来凄切动人。昨非庵有诗写道:"鸟鹊哺雏时,

丰子恺 护生画《雀巢可俯而窥》

◇禅余说古◇

万分心爱护。一啄十余呼,一飞十余顾。辛苦养将成,蓦被罟师捕。哀鸣及追逐,我不忍闻睹。"屠赤水《戒杀诗》说:"物我从来本一真,幻形分处不分神。如何共嚼娘生肉,大地哀号惨杀人。"普愿天下一切有爱心的人,为捕鸟人含泪诵读这些诗句,这也是在劝化众生啊!

慈莺二(《太平广记》)

　　此恨绵绵死未平,为儿激烈太伤情。

　　金衣公子心悲否,无复爷娘唤汝声。

有人捉到一只小黄莺,养在竹笼中。黄莺父母翅膀挨着翅膀,从早到晚在笼外哀鸣,不时前来喂它,见人也不躲避。一天,这家人把小黄莺移入另一只笼子,悄悄藏到别的房间。这对黄莺父母衔食回来,看见鸟笼空了,就旋绕着飞来飞去,不停地悲鸣。其中一只投入火中而死,另一只撞鸟笼而死。

兔母鹳悲伤(《警心录》)

　　纵非完孵免亲伤,三复僧言意味长。

　　安得众生无夭札,不烦更觅返魂香。

江苏太仓刘家河有一座天妃宫,是明朝永乐年间修建的寺庙。一天,庙里的僧人从外面回来,看见锅里煮着两只鸟蛋,就问是从哪里来的?童子回答说:"在鹳巢中掏来的。"僧人让他赶紧放回归巢中。小童说:"鸟蛋都煮熟了,放回去也活不了。"僧人说:"并不指望它们能活,只是为了让母鹳免除悲伤。"过了几天,忽然从巢中飞出两只小鹳。僧人颇感惊异,就叫童子再到鸟巢去看,果然是那两只煮过的鸟蛋孵成的。鸟巢内还留下一块木料,长一尺左右,上面有五色花纹,散发着馥郁的香气。小童取下这根香木,供在佛像前面。后来有日本的船只躲避风浪停泊在河滨,船上的人到寺里看见这根香木,愿出五百两银子买下,僧人同意了。几年后,这位日本人又来中土向朝廷进贡,顺便拜访那位僧人,却已经去世了。僧人的弟子问起那根香木是什么宝物？他回答说："这种香木焚烧时，能使死去的灵魂返回身体，它是聚窟洲所出产的返魂香。"

鸟带箭喂雏（《同生录二编》）

惊弦欲避顾雏栖，带箭惊惶意惨凄。

至竟英雄回首易，悔心几个邓征西。

魏国大将邓艾率兵攻打涪陵时，看到一只鸟正在喂雏鸟，就用弓箭向它射去。第一支箭射来，那只鸟赶紧躲避，可是几只幼鸟还在原处，它不忍心飞得太远。邓艾接着再发一箭，将它射中。那只鸟带着箭一个一个喂完雏鸟，又衔来食物放在它们身旁，好像是在教它们自己取食，然后哀鸣着气绝而死。这几只雏鸟围着它，一起一伏地哀鸣不已。邓艾非常悔恨，说："我违逆了物类的本性，恐怕是不久于人世了！"

黄衣女乞儿命（《警心录》）

片念仁慈转杀机，伏鸡谁遣幻黄衣。

柔肠儿女寻常事，不料雄心夺虎威。

衢州的一位里长到一户村民家催租，这家人很穷，没有东西招待他，唯有一只正在孵小鸡的母鸡，便准备把它杀了。里长恍惚间好像看见桑树下有一位黄衣女子，前来向他乞求饶命说："我自己死了倒没什么，只是为我的孩子还未出生而深感难过。"他非常惊异，就走到房子旁边，看见一只母鸡正在孵小鸡，这家主人正要宰杀它，里长赶忙加以阻止。下次再来这户人家时，这只母鸡正照管着孵出的小鸡，见到里长，它又蹦又跳，好像是在谢恩。里长离开这户人家，刚走了几百步远，一只老虎突然跳了出来。这时那只鸡飞扑上去，用喙啄老虎的眼睛，他才脱离危险。

鸡嘱儿女(《劝诫类钞》)

蠹吏回心便好人,鸡窗絮语岂前因。

余生虎尾掉头去,笑悟碧空身外身。

常熟有一位差役到乡下催粮,住在一家旅店。夜里他听见邻居有一位妇人叮嘱儿女说:"明天早晨主人要杀我招待官差,我死后你们要各自小心,门槛内外不要停留,主人的脚下不能去。"第二天,差役挨户催粮,由那家邻居负责供饭,主人捆住母鸡,已经操刀准备宰杀,一群小鸡绕着母鸡悲鸣。差役急忙上前说:"赶快停下!你把这只母鸡和这群小鸡送给我放生,我来替你交公粮。"这家人欣然同意,把这些鸡都给了他。

几年后,这位差役到三峰寺要求出家。寺里的长老说:"你如果真心想削发出家,必须请求全寺的僧人同意三天不烧火做饭,这样才能收留你。"差役挨个恳求僧众的同意。满三天后,正要出门取火,忽见一只猛虎守在门口,大家纷纷埋怨他。差役说:"大家已为我挨了三天饿,我就是死了也甘心,让我去取火吧!"便出门取火,老虎并没有伤害他。后来他终于悟道,修成了正果。

(附录)《广信府志》记载:兴安有一位姓郑的差役,到乡下催粮。夜里就宿时,隐隐约约听见隔壁有人在说:"我明日就要被杀,你们要自爱,不要扰害人。"再仔细听,其声咿咿喔喔,原来是母鸡在和小鸡说话。清晨,他对这家主人说:"不用杀鸡招待我,还是把它送给我放生吧。"差役带着这只鸡离去,路过岑山时,它突然奋力飞入一个山洞。差役跟着进去,看见里面满地都是银子。他感叹道:"这是上天赐给我的吧!我该怎样使用它们呢?"于是建桥修路,尽力行善。后来他弃家为僧,终身奉守戒律。

双鲤救子(《迪吉录》)

衔儿腾出几蹉跎,尽室难依丙穴居。

同队不须过河泣,主恩波及到枯鱼。

吴江人刘子屿,自己有一所鱼塘。到了冬天,他修了一个挡水的低坝,准备把鱼塘里的水放掉,然后捕捉塘底的鱼。水放了将近一半,他看见两条大鲤鱼跳出低坝,然后又跳回来,这样进出好多回。刘子屿觉得奇怪,就走过去看是怎么回事,原来有几百条刚产出的小鲤鱼聚集在一个洞里,被低坝挡住游不出去。这两条鲤鱼往来跳跃,用口衔着小鱼救它们出去,即使身陷死地也在所不惜。刘子屿心情沉重地叹了口气,便挖开低坝把鱼放走了。过了两年,他在锄地时挖到了金子,因此成为巨富。

颜光衷点评说:世上正是这些情深义重的生灵,不论在什么地方都让人怜惜和感动。这两条鲤鱼奋不顾身地抢救幼子,活生生地刻画出仁人孝子慈悲博大的胸怀,充溢于天地之间。

鹤子点评说:彭尺木《南园放生池碑铭》说:"勿谓是鱼,其形甚细。苟含生性,天地同气。"又云:"尔有室家,鱼有妻子。相呴相濡,至于没齿。"读来令人猛发慈悲心。

鳝护子(《伤心录》)

饕人盐豉久调和,沸镬旁观惨若何。

一点护儿心不死,自身余肉已无多。

学士周豫的家中有一次烹煮鳝鱼,其中一条鳝鱼向上弓起身子,用头和尾拄在锅里支撑着。惊讶地剖开它的肚子,原来里面有很多鱼卵。这才明白动物们甘心忍受痛苦,竭尽全力保护自己的幼子,竟然到了这种程度。

俞仲宽点评说:佛经上说:"一切畏刀杖,无不爱寿命。"所以遭到捕杀的禽鸟飞上书案,向魏君请求救助。无路可逃的走兽躲进庐舍,向欧氏请求庇护。最近又听说周学士家煮鳝的事,更加感叹一切生命对幼子的爱恋之情,令人倍加哀悯。当它们遭到捕捉,望着身边的亲人却不能再次相聚,独自在痛苦中走向死亡,在悲愤中结束生命。它们或是惨遭宰杀割裂,或是被活活投进滚烫的水中,

丰子恺　护生画《鱼游沸水中》

受尽折磨，痛彻骨髓。令人想起来汗毛直竖，说起来心神不安。今天的人们只要自己的孩子受点小伤，就心疼得不行。可杀害动物时却恣意妄为，手段惨毒，没有任何怜悯。真是太没有同情心了！

刘念台先生在《人谱》中说："鳝鱼又叫护子鱼，善良的人不忍心吃它们。"试看这条鳝鱼在被烹煮时还不忘舍身护子，吃的人可以尽享美味，读者却不免鼻中酸楚，流下泪来。鸟庵道人的诗中说："有命尽贪生，无分人与畜。鱼鳖无声类，见死瞪两目。挣命砧几间，张口不能哭。死犹护其子，鳝烹将身鞠。"还有诗人在《戒杀琐咏》中写道："毋谓动物蠢，爱生同吃紧。黑鱼惜其胎，曲腰就汤殒。"说的都是鳝鱼护子的事。

鱼乳（《册府元龟》）

　　微生呴湿沐皇仁，新乳鱼儿跃锦鳞。

　　藻影花光朝雨后，绿波潋潋十分春。

贞观十七年，唐太宗在西宫观鱼，他看见鱼在水中不断跃起来，就问是什么缘故。捕鱼的人回答说："这是鱼正在产卵。"太宗于是下令停止捕鱼。

鹤子点评说：此时的西宫水面上，一片生机洋溢。这和《诗经》中颂扬当年周文王巡视灵沼，水中鱼儿纷纷跃起的欢快景象，是多么相似！

鱼为子贷命（《慈心宝鉴》）

　　曾闻薛伟化鱼身，鱼腹如何也幻人。

但贷儿生甘就死，慈心极处每通神。

李冲元准备杀一条鱼时，想起了做过的一个梦。梦中有一位穿黑衣的妇人对他说："我腹中有5000个幼子。我若是活着，这5000幼子就能活。我若是死了，这5000幼子就得死。求您慈悲哀怜，饶我一命。"于是李冲元就把它放生了，并立志戒杀。后来在水边拾到了一颗宝珠。

（选自《物犹如此》）

丰子恺　护生画《放生》

佛国游踪

名山佛教文化

游普陀

丰子恺

普陀山,是舟山群岛中的一个岛,岛上寺院甚多,自古以来是佛教圣地,香火不绝。浙江人有一句老话:"行一善事,比南海普陀去烧香更好。"可知去南海普陀烧香是一大功德。因为古代没有汽船,只有帆船。而渡海到普陀岛,风浪甚大,旅途艰苦,所以功德很大。现在有了汽船,交通很方便了,但一般信佛的老太太依旧认为是一大功德。

丰子恺

我赴宁波旅行写生,因见春光明媚,又觉身体健好,游兴浓厚,便不肯回上海,却转赴普陀去"借佛游春"了。我童年时代到过普陀,屈指计算,已有 50 年不曾重游了。事隔半个世纪,加之以新中国成立后普陀寺庙都修理得崭新,所以重游竟同初游一样,印象非常新鲜。

我从宁波乘船到定海,行程三小时;从定海坐汽车到沈家门,50分钟;再从沈家门到普陀,只花费半小时。其时正值二月十九观世音菩萨生日,香客非常热闹,买香烛要排队,各寺院客房客满。但我不住寺院,住在定海专署所办的招待所中,倒很清静。

我游了四个主要寺院:前寺、后寺、佛顶山、紫竹林。前寺是普陀的领导寺院,殿宇最为高大。后寺略小而设备庄严,千年以上的古木甚多。佛顶山有一千多石级,山顶常没在云雾中,登楼可以俯瞰普陀全岛,遥望东洋大海。紫竹林潮声异常洪亮。寺后有竹林,竹竿皆紫色。我曾折了一根细枝,藏在衣袋里,带回去作纪念品。这四个寺院都有悠久的历史,都有名贵的古物。我曾经参观两只极大的饭锅,每锅可容八九担米,可供千人吃饭,故名曰"千人锅"。我用手杖量,其直径约有两手杖。我又参观了一只7000斤重的钟,其声宏大悠久,全山可以听见。

这四个主要寺院中,紫竹林比较的最为低小;然而它的历史在全山最为悠久,是普陀最初的一个寺院。而且这开国元勋与日本人有关。有一个故事,是紫竹林的尼僧告诉我的,她还有一篇记载挂在客厅里呢。故事是这样:

千余年前,后梁时代,即公历900年左右,日本有一位高僧,名叫慧锷的,乘帆船来华到五台山请得了一位观世音菩萨像,将载回日本去供养。那帆船开到莲花洋的地方,忽然开不动了。这慧锷法师就向观世音菩萨祷告:"菩萨如果不肯到日本去,随便菩萨要到哪里,我和尚就跟到哪里,终身供养。"祷告毕,帆船果然动了。随风飘泊,一直来到了普陀岛的潮音洞旁边。慧锷法师便捧菩萨像登陆。此时普陀全无寺院,只有居民。有一个姓张的居民,知道日本僧人从五台山请观音来此,就捐献几间房屋,给他供养观音像。又替这房屋取了个名字,叫做"不肯去观音院"。慧锷法师就在这不肯去观音院内终老。这不肯去观音院是普陀第一所寺院,是紫竹林的前身。紫竹林这名字是后来改的。有一个人为不肯

普陀山图

去观音院题一首诗:"借问观世音,因何不肯去?为渡大中华,有缘来此地。"如此看来,普陀这千余年的佛教名胜之地,是由日本人创始的。可见中日两国人民自古就互相交往,具有密切的关系。我此次出游,在宁波天童寺想起了500年前在此寺作画的雪舟,在普陀又听到了创造寺院的慧锷。一次旅行,遇到了两件与日本有关的事情,这也可证明中日两国人民关系之好了。不仅古代而已,现在也是如此。我经过定海,参观渔场时,听渔民说起:近年来海面常有飓风暴发,将渔船吹到日本,日本的渔民就招待这些中国渔民,等到风息之后护送他们回到定海。有时日本的渔船也被飓风吹到中国来,中国的渔民也招待他们,护送他们回国。劳动人民本来是一家人。

不肯去观音院左旁,海边上有很长、很广、很平的沙滩,较小的一处叫做"百步沙",较大的一处叫做"千步沙"。潮水不来时,我们就在沙上行走。脚踏在沙上,软绵绵的比踏在芳草上更加舒服。走了一阵,回望望,看见自己的足迹连成一根长长的线,把平净如境的沙面划破,似觉很可惜的。沙地上常有各种各样的贝壳,同游的人一起寻找拾集,我也拾了一个藏在衣袋里,带回去作纪念品。为了拾贝壳,把一片岸沙踩得破破烂烂,很对它不起。然而第二天再来看看,依旧平静如镜,一点伤痕也没有了。我对这沙滩颇感兴趣,不亚于四大寺院。

离开普陀山,我在路途中作了两首诗,记录如下:

一别名山五十春,重游佛顶喜新晴。

东风吹起千岩浪,好似长征奏凯声。

寺寺烧香拜跪勤,庄严宝岛气氤氲。

观音颔首弥陀笑,喜见群生乐太平。

回到家里,摸摸衣袋,发现一个贝壳和一根紫竹,联想起了普陀的不肯去观音院,便写这篇随笔。(妙心摘)

天台禅思

孟 还

一、却说天台禅

"禅"这词是从印度的"禅那"音译过来的,因此有些人就认为,中国固有文化中原先不存在禅这回事。这是不符合历史事实的。禅本来就是一种普遍存在的历史文化现象。即就印度的禅而言,也不仅是佛禅一种,在佛禅之前就有古老的瑜伽与其他许多"外道禅"盛行。古印度的瑜伽相当于中国的气功。许多宗教实际上也都有禅或类似于禅的修炼方式。佛禅只不过是提炼并完善了禅文化的古老方式,将它导入佛法般若智慧的大海之中,使之成为佛法修持的重要组成部分,从而把禅的发展提高到一个新的水平。这样,佛禅也就成为禅学最殊胜的代表。明乎此,再从天台的实际情况出发,我们就完全有理由提出天台禅的地域性新概念。因为天台实在是禅学资源非常丰富的地区之一。

天台禅的主体,应是天台宗的佛禅止观法门,还应包括颇具影响的台密禅。天台禅的另一个重要分支,姑妄称之为"道禅"。道禅这个名称能否成立,可以商榷,但是把道家的内丹修炼法称之为禅,却是没有什么疑义的。天台还出了博采三教众长撰写了与"万古丹经王"齐名的《悟真篇》的作者张伯端,由此被尊为道家南宗的祖庭,据道书记载洞天三十六,福地七十二,唯台得之多。因此,道禅在天台也占有重要的地位。此外天台禅还包括儒家的修身禅,医家的养生禅,以及某些传统的高级气功,不再一一细说。

了文法师石上禅坐

天台禅如此气象万千,繁荣发达,是同它特有的地理人文条件分不开的。天台有众多"金地""银地""福地""洞天",还有许多禅门龙象。这些龙象们善于引进消化高水平的外来禅文化,使之与当时当地实际需求相结合,勤于禅修实践,亲悟亲证,因而创造出了高水平的天台禅学文化。

二、智者大师与禅

智者大师是佛教天台宗的实际创始人,是中国佛教史上最博大最圆明的佛门龙象之一,因此被称为"东土小释迦"。他既重佛理又重实修,曾多次深入大定,"目睹"释迦牟尼佛在灵山说法,法会俨然未散,而他和他的老师慧思大师同时却在听法。这说明,他和慧思法师都有很高的禅定功夫。

陈兵《佛教禅学与东方文明》认为,智者大师对渐次止观、不定止观与圆顿止观的划分,表现了中国高僧对印度禅学高度的理解与概括能力。智者大师是印度禅学的集大成者。他的禅学成就标志着中国佛教徒已"跻于超越印度禅学的高度","有了超越印度佛学的智慧"。这个评论似乎过高了一些,不过天台佛禅能得到这样高的荣誉,也是一件值得欣慰的事。因为在通常的中国佛教史中,天台禅学常常得不到充分的反映,而中国禅宗史又不讲天台止观,当然更得不到充分的评价。

智者大师

三、止观总持

国清寺内原有止观院、止观堂、知观亭,还有一块止观碑。现在这些遗迹多数已不存在,只是在方丈室里还悬有一副对联:"宋依法华判释五时八教,行在止观总持百界千如。"在智者塔院,现存《修禅道场碑》一块,旁边还有一座念佛堂。这些遗迹说明,天台宗不但重视教理,也非常重视教观,把知观法门放在很高的位置。

国清寺对门的影壁上,镌刻着"教观总持"四个大字。著名佛学家黄心川教授指着四个大字问身旁的日本学者中西启子教授,这"总持"一词在梵文里是什么意思。中西教授不假思索地回答说:"就是制心一处,念念不离么!"黄教授听后十分赞赏,说这个回答有水平。可是许多国人不懂梵文,往往把它的原意附会错了。中西教授的话亦合我心。我练过十多年的藏密陀罗尼功,查过《佛学大词典》,知道陀罗尼就是总持,但只是望文生义地理解,从未把它们与制心一处联系在一起,而制心一处对练功修持来说是多么关键的一着呀!佛经上还说:制心一处,无事不办。这意义就更深远了。

四、止观典籍

天台宗在创始初期就由它们的创始人撰写了系统的完整的禅学理论著作。国清寺的佛经流通处在全国来说,知名度是比较高的。历年来我从这里购到一系列禅学止观名著。计有:谛闲法师讲相传为慧思法师著《大乘止观》的述论,智者大师的《童蒙止观》《摩诃止观》《六妙法门》,以及宝静法师的《禅门口诀》,在一本气功典籍中找到了,而智者大师的另一本重要著作《释禅波罗蜜次第法门》,迄今没有看到它的单行本。不过天台宗早期禅学著作基本上算是齐备了。值得高兴的是,两种"讲述"都由名家执讲,有许多精确的解释与发挥,为后学理解与实修提供了不少方便。学止观而又有"洞达其妙旨"是很不容易的,幸而多由祖师亲传,门人笔录,又由各中兴之祖发挥讲解,祖祖相传,灯灯相续,发扬光大,从而保证这些著述的高水平。

吉林长春出版社最近出版一本《禅宗大全》,收集历代禅宗著述文献,洋洋大观,读者称便,对弘扬禅学学说有不可磨灭的历史价值,如果天台宗也能出一本《天台宗大全》或《天台宗止观禅学大全》,那一定会轰动海内外的。作为普及的实践教材如果重点研讨、推广《小止观》和《六妙法门》中的禅法,已是十分可取;作为重点提高开发项目,如果着力研究一下名著《摩诃止观》,那就更是有胆识有眼光了。

五、与禅宗、净土宗的历史瓜葛

天台止观是天台佛禅的主要法门,也是天台佛禅的主要形式。它继承并且深化了在我国流行多年的印度"五门禅",与中国本土的实际上结合,形成了中华佛禅的基础形态。天台宗虽同其他中华佛门宗派同时形成,但起步较早,同时又继承了佛禅中的必不可少的基础部分,因此对其他宗派在禅修方面的影响比较明显,其中尤其是同禅宗、净土宗,真可谓难解难分。

止观法门同净土宗的结合比较顺利融洽。不少天台高僧都是"教在天台,行归净土"。这是一种被认为既可靠又易行的、彼此方便双方有利的理想结合形式。如宝静法师在《修习止观坐禅法要讲述》一书的结尾所说:"全部止观共有十章,章章莫不以止观念佛显其究竟","愿诸学佛同仁研阅此者,都勤修止观。止观者何? 老实念佛是也。"因此在智者塔院出现一个念佛堂,也觉得融洽自然。天台宗历届祖师大都重视止观念佛,且多有成就,两宗在历史上和睦相处,没有发生什么纠葛。

与天台和净土的结合相比,天台与禅宗的结合就不那么融洽和顺利了。尽管天台宗的祖师(如慧文和慧思)本人都是禅师,后世许多天台宗名僧同时亦为禅宗行人,但止观基本上属于如来禅的法系,而禅宗的禅则属于"教外别传"的祖师禅。此派禅宗的"渐悟"与天台止观的修法,基本上为同一条思路,而禅宗南派所崇尚的"顿悟",又接近于天台宗的圆顿止观。但在教义中强调的重点,行持的风格与思路有许多明显的差异,因此发生一些纠葛。这种内部问题本来是可以在两教之间自行解决的,但由于当局的处置多有不当,一会儿"易教为禅",一会儿"易禅为教",多次官司打到皇帝老儿那里,因而使矛盾激化。对此,近代佛学理论家太虚法师在《中国佛学》中说:"智者大师实为一切禅法之集大成者。""虽有宗门禅之对立,但一般修禅者,仍以慧思智者等依教禅为尚。"这种观点反映了一般僧人与佛教徒的意愿和看法,比较公允。

六、禅学发展的新形势

有人纵观国清寺的盛衰以及当前社会发生的变化,对天台宗本身在教义发展上停滞不前或无多大发展表示担忧。也有人认为,止观的禅学理论与实践,很难再有新的发展。那么,目前止观禅的发展前景到底怎样呢?

诚如过去许多禅门大师所说,止观之要要能策修。只要我们时刻专注于这种实际的策修,倾听着现实社会与人生对禅学的呼求,那么你一定会发现止观禅学正在面对着前所未有的大好机缘。止观禅学不管在理论上还是实践中,都存在着许多新经验和新问题。即使是一些概念性的基本理论,也不能说全搞清楚了。比如在《圆觉经》中,佛祖曾清楚地把修止、修观与修禅作为三种妙法门,认为三种法门都修成功了才能成就。而我们平时,总是把止观与禅观视为同义语。对此,香港南怀瑾先生在《圆觉经略说》一书中有反复详尽的说明。另外在他的《楞伽大义今释》与《如何修证佛法》中谈到佛禅时,都介绍了止观的修证方法,出现一种重新议论、评价天台止观的繁荣景象。《法音》《禅》杂志以及有些气功刊物,甚至有些社会科学学术刊物、大学学报,也纷纷发表文章,介绍、探讨天台止观与六妙法门的各种情况和问题。一个重新评价天台止观、实修天台止观和研究天台止观的群众性热潮正在兴起。

七、天台止观与气功

由于天台宗系统地继承和发展了印度禅学,使自己成为中印禅学发展的一个新的历史性结合点,从而对中华传统气功的发展做出了重大的贡献。特别是练佛家气功的,对修禅、止观法门、六妙门都有一种特殊的亲切感。气功理论中的调身、调心、调息三大组成部分,明显地来源于天台止观。气功中的治病与纠偏方法,不少亦源于天台止观。有的学者已专门对智者大师在禅定医疗方面的贡献进行了研究。南怀瑾先生在《怎样修证佛法》一书中介绍他自己的经验说:"拿我几十年摸索的经验,诚恳地告诉各位,你真达到正身、正意,没有一个身体不能转化;没有病去不掉的;没有身心不会健康的。"目前,相当一部分气功受益与气功爱好者,已不满足于气功的低层次的修炼,他们要求提高,要求思想方面的升华与解脱,从而解决更重大的人生问题,把希望的目光投向佛禅,其中包括天台止观禅学。只可惜天台止观这个旗帜天台人自己举得不高,如果能把这种声望树起来,天台禅学一定可以出现更加繁荣的局面。我两次到天台都未能登上华顶,这次终于在文化旅游节组织者的安排照顾下,攀登上这个光辉的金顶,名闻遐迩的华顶确是一块黄金宝地,智者大师曾于此修道降魔隐居,它状如悬一朵青莲,树木繁茂,气候非常舒适。我去过一些名山,鲜有能与它相比的。禅宗有句名言叫作"要识得本地风光"。我这次到天台参加文化学术研讨会,感受到的就是这句话。

八、止观研究新课题

我的主要看法是,"兴禅可以护教",可以推动天台山地区的整个文化和经济的发展。这句话可能说得比较狂,不过历史上和现实生活中却是有先例的。日本的荣西大和尚在日本明治维新时期就提出过"兴禅护国"的口号,他写过一本书叫做《兴禅护国论》,就收藏在我国的《频伽藏》大藏经里。据说"亚洲四小龙"经济腾飞,与兴禅也是有关系的。禅不但在医学、心理学、自然科学方面有其实用价值,即使在企业管理方面也有潜力可挖。对此我们总觉得难以置信。这次与会的日本代表团团长、大正大学树中佑生教授,在开幕式的讲话中,又向我们进一步透露了这方面的消息。他说,现在世界各国,特别是欧美国家,一直在研究,日本经济发展得这样快,这与日本佛教特别是天台宗及其《摩诃止观》有深刻联系。《摩诃止观》是天台宗三大部之一,号称汪洋浩瀚,阐述了高层次的圆顿止观,中外学者对这部著作都十分重视,但是它对经济建设方面的潜在意义却很少为人们所发现。解决这个难题的办法很简单,那就是组织学术界的力量去研究这部著作,在工厂企业中选择试点去实践这部著作。天台县同日本天台宗的联系,可以深入到经济建设领域,发展得更广些。

九、天台风光与天台龙象

在对《摩诃止观》进行重点研究的同时,还应该重视推广止观法门、六妙法门的普及,也是普利众生的工作。止观禅是大乘禅,又具有医疗禅的特点,发挥这一方面的专长也非常重要。国清寺有一本定真编著的《静坐入门》颇适合一般练功与初学佛禅者的需要。但是该书编著的时间毕竟早了一些,需要增订扩充。

当前振兴天台佛禅的关键,是天台要有一批中兴天台佛禅的龙象,要树立这种龙象,并发挥他们的中坚带头作用。这种龙象应当到国清寺的僧众中去找,而方丈主持更是最适合的人选。对列祖列宗创业功德与教观方面的成就,应该宣传弘扬。《国清高僧传》应补充整理予以出版,有些名著亦可选印。倓虚大师《影尘回忆录》一书中就树立了几位天台宗龙象的光辉典范,对教内外都有很大的教育、鼓舞、启发作用。许多高僧都是重视禅修实践,止观并行定慧双融的,他们在修证方面有许多生动深刻的经验体会,建议另出一套《天台宗丛书》,选一些诸如此类的人物传记,共树天台龙象崇高形象。

就目前国内以至世界范围禅学发展的趋势来看,大乘禅或大众禅为适应社会发展的需求,不可避免地总要走现代化、生活化的道路。台湾耕耘先生提出的"安详禅",受到海峡两岸禅学爱好者的积极评价。中国佛教协会《法音》杂志与河北佛教协会《禅》刊的主编净慧法师则在佛禅的基础上提出"生活禅",受到社会各界的关注。天台佛禅必然也会在重振、重新组合的发展过程中走向现代化的发展道路。天台宗的"无相行",主张在日常生活的"四威仪"中常住禅走,很容易演化为大乘的生活禅。前面已提到天台止观如能在四化建设方面闯出一条路子,那就更为难能可贵了。因缘会聚,久晦必明,天台宗的禅门法炬一定会重放光辉,天台禅的繁荣新局面一定会到来!

(本文作者系杭州大学哲学系副教授、禅学研究中心主任)

法师摇篮

名山佛教文化

月夜遐思

禅 光

我一来到普陀山,就与她结下了不解之缘。我喜欢炎炎烈日下磐陀石上空那一尘不染、缓缓飘逸的白云,我喜欢霄云霏霏的千步沙那绰约迷离、浑然一体的远山近海,但我更喜欢这梅福禅院的夜色,似梦境、似幻觉,令人陶醉,引人遐思。

普陀山千步沙

当夜幕降临,万籁俱寂的时候,偶尔拂过的一丝凉风,竟被颇显厚实的绿树黄墙拒之门外。尽管已是入秋的天气,但海天佛国依然没有降温的意思。我耐不住寮房内的闷热,独自踱到阳台上纳凉,一时间山下的海军营房尽收眼底；极目远眺，万家灯火与满天星光交相辉映。面对这无尽的夜色，一种荡心涤虑的感觉由心底蓦然生起。

在我眼中，普陀山的月亮似乎更圆，更亮，更迷人，总是怡然自得、无牵无挂地悬浮在暗蓝色地的夜空，宛然是一个橙黄色的大玉盘。月亮周围，如颗颗珍珠般杂乱无章地点缀着的是那闪烁的繁星。不知怎的，当我置身于这辽阔无垠的星汉时，不由想起了明代洪应明《菜根谭》中的警句："蜗牛角上争长竞短，许大世界；石火光中较雌论雄，几何光明"。不是吗？当人们或主动或被动劳碌一天后，一下子把身心投入含养我们的大自然时，怎能不感叹万端呢？

隔海相望的沈家门的万家灯火汇成了一条蜿蜒的火龙，只见一点点、一片片，红的、白的、绿的、蓝的，攒簇在一起，光彩夺目，煞是好看！想必海的那畔一定是热闹非凡。

游目四望，一簇簇游动的灯光下面是尚未抛锚停泊的船只，在这沉寂的夜晚依然忙碌着，为普陀山的夜景平添了一份躁动。记得书中说，当年乾隆皇帝夜游金山，有感于江面上往来穿梭的船只，便问同游的大学士纪晓岚："爱卿可知船有几只？"纪晓岚回答说："两只"。乾隆惊奇地说："诸多，何谓两只？"纪晓岚说："来者为名，往者为利。"想来颇有深意。

在泻落的月光中，一切都是那么洁净，那么透明，这如水的月华给人一种融化一切的感受。在这样的环境里，会使人的身心得到最大限度的自由和舒展，仿佛整个世界、整个大自然都是自己一个人的，又何须去强取豪夺呢？每当这个时候，我的心光便和月光一起融进了普陀山的夜色。此时此刻，天空洒下的月光，地上燃起的灯火，远处隐约的岛山，近处荡漾的海水，勾勒出一幅美妙绝伦的水画，是那样的恬静，是那样的迷人，也是那样的和谐，这就是普陀山的夜晚。

不知过了多久，远处清晰地传来普济寺那悠远洪亮的钟声。听到这钟声后，"江枫渔火对愁眠"是唐代诗人张继的感触，而"晨钟暮鼓惊醒世间名利客，经声佛号唤回苦海梦中人"则是我的感想，这可能是因为仁者见仁、智者见智的缘故吧。

佛门清韵

台宗三字经

补怛后学沙门　释净旻编

大雄出,梵音演,如优昙,时一现。
古老象,降震旦,秉佛语,创教下;
曰三论,曰唯识,台与贤,名四家。
教之道,贵以专,为有缘,述天台。
北齐朝,有慧文,读《中论》,得其精,
礼龙树,立三观,空假中,归一贯。
传弟子,南岳思,止观法,奠永式。
第四祖,有智者,缩缘追,今复来,
居台岭,宗乃建,小释迦,煜人天。
章安下,三代承,默旧规,守家风。
荆溪师,应运生,抗旁学,辉祖灯,
倡无情,亦有性,圆顿教,得中兴。
日最澄,梯海来,传比睿,台密开。
唐之末,法难摧,教典失,义将晦,
吴越王,使高丽,奉遗籍,还螺溪。
十七祖,赐法智,共三子,成砥柱,
辩真妄,折山外,今家义,得正脉。
明蕅益,肇灵峰,虽非裔,最有功。
后继者,有谛闲,树观宗,飨法筵。

俱往矣,典范存,振门庭,待后昆。

人所弘,其唯教,教判何,当明了。

启金轮,说华严,尘刹海,现宝莲。

愍凡愚,不能听,脱珍服,垂劣应,

说阿含,第二时,四谛法,接小机。

演方等,转二乘,斥偏小,褒大圆。

第四时,谈般若,破法执,教菩萨。

畅佛怀,法华会,学无学,白牛馈。

涅槃经,最后阐,显真常,扶律纲。

五时教,配五味,善巧说,有通别。

曰藏通,曰别圆,此四教,名化法,

合化仪,为八教,《四教仪》,须推敲。

三乘理,谛缘度,化法论,义各殊,

再论观,亦分四,机教扣,当审之。

宗《法华》,依《智论》,重《大经》,尊《大品》,

三大部,五小部,解佛乘,圆理露。

开四义,立五玄,并四悉,为能诠。

其所诠,至圆妙,秘密藏,顿开晓。

一切法,性所具,曰事造,亦不虚,

二而一,全体真,实相义,唯佛证。

缘生法,体性空,悟无常,名真谛;

虽变幻,相宛然,缘起有,名俗谛;

空与有,水一波,法尔具,名中谛;

一即三,三即一,非前后,非各异,

圆融观,难思议,寂而照,照而寂。

◇ 佛门清韵 ◇

一心具,十法界,皆互摄,成百界;
界界赅,十如是,百法界,成千如;
三世间,复相溶,三千法,一念融。
理能具,事能造,言有二,不隔毫。
谈性具,善恶兼,无所住,义最圆。
修有功,性方显,起大行,莫等闲。
三谛迷,三惑生,非三观,不为功。
四三昧,标高轨,方法异,理观同。
前方便,二十五,行之本,宜稳固;
运十法,历十境,究其要,观识心。
虔修忏,勤念佛,芳规在,毋轻忽。
循六即,明位方,不自卑,不轻狂。
兴教化,裂疑网,解行齐,证有望。
凡未减,圣未增,若穷子,获家珍。
天台宗,述难穷,佛知见,堪景从;
叹人身,何危脆,急着手,去来归。

诗二首

觉 慧

谛闲法师圆寂六十周年感作

一

白云山上忆当年,红雪齐腰悟性天。

及到六通融妙谛,蓦然证得祖师禅。

二

说法谈玄四十年,总持教义赖前贤。

讲筵开处遍南北,无碍辩才涌乳泉。

三

谛公说法登坛场,顽石低头花雨香。

六十年间一弹指,不知何日驾慈航。

《名山佛教文化》即将问世,敬撰四十字颂之

名山布法雨,雷圻一天春。

众生欣有托,吾侪得逢辰。

佛门仗龙象，椽笔惊鬼神。
吾爱朱夫子，馨香祈朝昏！

一九九三年十月十日

名山佛史

九华山佛教文化略述

高振农

九华山是中国佛教四大名山之一,以佛教为特色的山岳型国家级重点风景名胜区。它位于安徽省池州地区青阳县西南境,北俯长江,南望黄山,东临太平湖,西接贵池。山境南北长约40公里,东西宽约30公里,方圆120平方公里。由于风景奇特,佛教繁盛,历来香客众多,游人不断。

一、九华名山的由来

九华山以奇峰、怪石、名泉、幽潭、瀑布等五大奇观,展现出大自然的旖旎风光。

九华山奇峰怪石

奇峰：九华山群峰壁立,素有九十九峰之称。十王峰为全山最高第一峰,海拔1342米,位于九华山主干山脉中部。拱卫其周围的群峰,千姿百态,琳琅满目。其中天台峰、天柱峰、独秀峰、花台峰、云外峰等,如台似柱,耸入云霄;莲花峰、芙蓉峰、翠屏峰、翠微峰、滴翠峰、翠盖峰等,犹如出水芙蓉,青翠欲滴。其他还有五老峰、七贤峰、九子峰、列仙峰、狮子峰、伏虎峰、蜡烛峰等,也无不呈奇献秀。

怪石：九华山怪石嶙峋,著名的有观音慈航、仙人击鼓、大鹏听经、金龟朝北斗、犀牛望月、金鸡叫天门、飞来石、棋盘石等,无不神工鬼削,妙趣横生。

名泉：九华山中间清泉潺流,著名的有龙女泉、金沙泉、天池泉、六泉等,无一不是秀溪萦环,银瀑飞泻,景观迷人。

幽潭：九华山幽谷多深潭,著名的有百丈潭、弄珠潭、鲇鱼潭、璎珞潭等,都是奇秀多姿,清幽绝尘。

瀑布：九华山多飞流瀑布,著名的有碧桃瀑布、百丈箭瀑布、龙池瀑布、织锦瀑布、百丈潭布等,均浪花飞溅,蔚为奇观。

九华山风景名胜,多姿多彩,古人将它概括为十大景观,即：五溪山色、莲峰云海、舒潭印月、桃岩瀑布、东岩晏坐、平冈积雪、天台晓日、化城晚钟、九子泉声、天柱仙踪。

九华山历来相传有三宝：娃娃鱼、叮当鸟、金钱树。

九华山风景无限,美妙神奇,景中有景,变幻无穷。但在唐代以前,九华山在全国并不是很有名。

九华山是因为历代诗人的咏吟而闻名于世的。

在汉代,九华山称为陵阳山,梁代称帻山。后来因此山奇秀,高出云表,峰峦异状,其数有九,故称为九子山。直至唐天宝年间,有大诗人李白由金陵上秋浦,才更九子山名为九华山。相传天宝三年(公元745年)冬,李应友人高霁、韦权舆的邀请,聚会于九子山,互相吟唱,写下了《改九子山为九华山联名》的李白吟出"妙有分三报,灵山开九华",明确提出以九华之名代替九子的旧称。李白在诗序中对此特加以说明:"青阳县南九子山,山高数千丈,上有九峰如莲花,按图征名,无所依据。太史公南游,略而不书。事绝古老之口,复阙名贤之记。虽灵仙往复而赋咏罕闻,予乃削其旧号,加以九华之目。"这是李白改九子山为九华山的经过。第二年,李白路过秋浦,又作诗赠给青阳友人韦仲堪:"昔在九江上,遥望九华峰。天河挂绿水,秀出九芙蓉。"从此九华之名,逐渐为世人所接受。

后来,又有著名诗人刘禹锡,听到有人赞美九华山的风光,说是比华山、荆山更美,不很相信,决定亲自前往一游。后来在九华山遇到了慕名已久的朋友费冠乡,在其指引下上山,看到了碧桃岩飞瀑,莲花峰的云海,天台绝顶的日出等等奇妙风光,赞叹不已。于是在费冠乡的怂恿下,写了一首长诗,名为《九华歌》,其最后几句为:"九华山,九华山,自是造化一尤物,焉能藉甚乎人间?"其后许多文人墨客竟相传扩传颂,九华山的美名越传越广,终于流传千古。

由此可见,九华山是以诗名山,以诗传名的。

二、九华山佛教流传的特点

九华山的佛教,在两晋时期即有流传。初有天竺僧怀渡于东晋隆安五年(公元401年)来山创建茅庵,后有僧人伏虎于梁武帝天监二年(公元503年)来山建伏虎庵于拾宝岩,弘传佛法,但均影响甚微。

九华山佛教得到广泛流传,并成为佛教圣地,是从唐代由新罗国来的金乔觉开始的。据费冠乡《九华山化城寺记》所载,金乔觉于唐开元末(约公元719年)渡海来华,至九子山宴然独坐,苦行修持,附近善信,悉皆宗仰。至德初(约公元757年),为山下长者诸葛节游山时发现,见深山无人迹处,有一和尚宴坐于石洞内潜修,生活清苦,乃发心捐款买下"化城寺"旧址(即现今的九华街化城寺所在地)为金乔觉兴建禅居。建中初年(公元781年),池州太宗张岩仰慕金乔觉僧德,施舍甚厚,同时奏请朝廷,移旧额"化城",置于该寺。从此金乔觉即将化城寺作为弘扬佛法的道场,率众在此苦修,影响越来越大,各方前来参学者甚众。金乔觉在化城寺苦修前后75年,于贞元十年(公元794年)圆寂,尸坐石函中,越三年未腐,众僧徒尊之为地藏菩萨示现,称他是"金地藏",并在神光岭上建肉身塔(地藏塔)供奉。从此金地藏之名传遍四方,九华山被尊为地藏菩萨道场,信众纷来朝山,历代香火不绝。

九华山佛教,有一些与众不同的特点。

(一) 寺庙众多,但小庙、茅蓬占多数。

九华山自金乔觉圆寂后被尊为地藏菩萨示现后,信众前往朝山者增多,全山陆续兴建了一批寺院。先是九华后山及青阳县附近兴建了海会寺等20余座寺院。至宋代,全山发展到40余座(被帝王赐额的就有12座),已开始有"莲花佛国"之美称。明代,由于朝廷的大力支持,重建、扩建和新建了一大批寺院。洪武二十四年(1391年),化城寺建立丛林制度,先后发展成为拥有东西两序72座寮房的总丛林。其时全山寺庵(包括茅蓬、精舍)总数已达100余座。而九华山也已开始与五台、峨眉、普陀共称为中国佛教四大名山,名声远播海内外。

清代中叶,由于帝王大力支持,全山曾拥有寺院150余座,全盛时期,全山寺院达到300余座。以后屡废屡修,直至清末,全山寺院仍维持在150座左右。后经辛亥革命、抗日战争等,九华山佛教破坏严重,到建国初期,全山实有寺院99座,僧尼200余人。目前全山寺院尚有78座,常住僧尼400余人。

九华山寺庙众多,但规模大的寺庙较少,全山不过十余所,为数众多的都是一些小寺、小庵和茅蓬、精舍。这些小寺、小庵和茅蓬、精舍,大都不分佛殿、寮房,仅有一两间房,供一尊佛像,一两个甚至只有一个僧或尼在那里潜修,过着较为清苦的生活。这种情况,至今没有多大改变。如现今全山78座寺院中,属于全国重点寺院仅9座,大部分仍属于小寺、小庵和茅蓬、精舍。这可以说是九华山佛教特点之一。

(二) 金乔觉开创的九华山佛教,不属于任何宗派。

和智者大师在天台山开创开台宗不同,金乔觉在九华山潜修75年,没有建立自己的宗派,自己也不属于任何宗派。1991年9月,在九华山召开的"金地藏生平活动论证会"上,曾讨论了金乔觉及其徒众属于哪一个宗派的问题。有人认为属于净土宗,有人则认为属于禅宗。上海玉佛寺的真禅法师在他所撰《玉佛丈室集》(五)《九华山弘法讲经论》一文中,认为金乔觉及其徒众不属于任何宗派,也不应属于任何宗派。我赞同这一观点。因为九华山佛教和其他三大名山佛教一样,是以中国佛教的四大菩萨示现而发展起来的。菩萨本身不可能属于任何宗派,而金乔觉是地藏菩萨在九华山的示观,是中国的地藏菩萨,他奉行的佛教,不属于任何宗派,应该是顺理成章的事。因此,金乔觉开创的九华山佛教,不属于任何宗派,这也是特点之一。至于后来创建的许多寺院,住持大都是禅宗僧人,这当然是禅宗寺庙了。

(三) 以地藏菩萨的精神弘传佛法。

九华山佛教自金乔觉开创以来,即以地藏菩萨的宏大誓愿和"我不入地狱,谁入地狱"的大无畏精神,进行苦修。金乔觉本人曾率领徒众在九华山开山筑路,耕田采薪以自给。这种道风,代代相传,后来与禅宗"一日不作,一日不食"的农禅并重宗风相结合,更加形成了九华山佛教的优良传统。这种以地藏菩萨为榜样的精神,一直在九华山佛教徒中被发扬光大。现在,九华山的僧众,不管属于什么宗派佛子,他们都以践行地藏菩萨的大愿为自己的职责。近几年来,九华山的佛弟子们,在修筑道路、恢复寺院以及赞助各项公益慈善事业等方面,都作出了自己的贡献。这种以地藏菩萨的精神弘传佛法,又是九华山佛教的特点之一。

三、今天的九华山佛教

九华山佛教自金乔觉圆寂后被尊奉为金地藏而成为中国地藏菩萨道场以来,历经兴废。特别是1966年开始的"十年动乱",全山佛教都遭到了厄运,部分寺庙被拆毁,有部分被占用,佛像被砸,佛经被烧,僧尼都被迫离山。直到1978年,经过拨乱反正,九华山佛教才开始复苏。1979年,随着宗教信仰自由政策的逐步落实,原来被迫离山的僧尼陆续回到九华山,一些寺庙逐步得到修复,被占用的也分别予以收回,佛事活动也开始趋向正常。

1983年和1984年,九华山的化城寺、肉身殿、百岁宫、甘露寺、祇园寺、天台寺、旃檀林、慧居寺、上禅堂等9座名刹被确定为全国重点寺院;二圣殿、龙池庵、华天寺、聚龙寺、天池庵、立庵、通慧庵、长生庵、龙庵、新龙庵、小天台、华严禅寺、潮音精舍、普渡寺、胜鬘精舍、香山茅蓬、莲宗精舍、海慧寺、慈佛清舍、九华莲社、华严洞、永兴茅蓬、复兴庵、翠云庵、观音峰上院、拜经台、双溪寺、九子寺、翠峰寺、心安寺等30座寺庵被确定为安徽省级重点寺院。这些寺院,有的由国家拨款,有的由佛教信徒资助,都进行了不同程度的修复,现已相继开放,成为佛教徒进行佛事活动和宗教旅游观光活动的场所。目前,全山常住僧尼400余人(其中有50余名为新吸收的青年僧尼),分布于78座大小寺庵。

现将9座全国重点寺院的概况略作介绍。

(一) 化城寺

化城寺位于九华街,相传是天竺僧怀渡于东晋隆安五年(公元401年)始建,唐开元间有僧人檀号居此。至德初年,有乡绅诸葛节等为金乔觉在此旧址建造寺宇,请金乔觉入居。此后,化城寺屡有兴废。

现在的化城寺,有灵官殿、天王殿、大殿和藏经楼四进殿宇,分别部署在三个台基上。灵官殿前廊内有三个大门,一般称之为山门。灵官殿与天王殿之间有两个小天井,两侧为厢房。天王殿为散厅堂,与大雄宝殿之间有四落水天井,东西两侧有半廊。大雄宝殿五通间。藏经楼古朴庄重,气势雄伟,为明代建筑。楼上供一尊白玉佛像,两边柜架排列,收藏着大藏经和各种佛教文物,是九华山佛教文物荟萃之处。楼下通过僧人的禅堂、寮房和客房,环境幽静。全寺对称严正,硬山顶,马头墙,砖木结构。寺背倚虎形山,前有石板广场,中有一莲池,状如半月,名偃月池,又叫放生池,蓄有鱼龟,池水碧波澄澈,古刹苍山和天光云影,映入池中,给佛山古寺平添情趣。

(二) 肉身塔

肉身殿也称肉身塔、肉身宝殿,在化城寺西的禅光岭山巅。为金地藏墓地上构筑的一座塔型庙宇。唐贞元十年(公元794年)金乔觉99岁示寂后,其肉身置缸中经三年,颜色如生,兜罗手软,骨节有声,如撼金锁,佛徒信为地藏菩萨示观,遂建塔纪念,嗣后配以殿宇,称肉身殿。明万历帝赐名"护国肉身宝塔"。后塔、殿屡经废兴。

现存的肉身殿,以汉白玉铺地,屋顶覆盖古代铁瓦,四周环绕精美的木刻画廊。回廊内外有20余根石柱。正门门楣上高悬"东南第一山"金匾,为青阳县近代书法家施玉藻手书。殿内中央汉白玉塔基上有七层八角木质宝塔一座,高17米。每层每方设有佛龛,供奉地藏菩萨像。塔内尚有三级石塔,金地藏肉身即跌坐其内。南北前后均供地藏大像。殿中佛灯高悬,佛光长明。木塔东西两侧,分塑十殿阎罗参拜地藏站像,庄严肃穆,金碧辉煌。殿基和两侧佛台有38幅精美汉白玉浮雕。绕塔走出后门,有半月形瑶台,上列三只铁鼎,香烟缭绕。台侧有古花园。每逢地藏菩萨成道日,国内外善信前来朝拜者络绎不绝。晚上,许多香客在此坐夜至天明。

(三) 百岁宫

百岁宫在东岩的危崖绝壁之巅。初名"摘星庵",明末清初俗称"百岁宫",又名"万年禅寺"。相传明万历年间,有僧人海玉,号无瑕禅师,来九华山摩空岭摘星亭结茅而居,名"摘星庵"。据称他在110岁圆寂后三年才被发现,肉身不腐,颜面如生,信众认为他是活佛转世,遂装金供于庵中。崇祯三年(1630年)敕封他为"应身菩萨"。同年,无瑕禅师弟子慧广易庵为寺。清道光年间改名"万年禅寺"。1982年重修殿宇,翌年重塑佛像,无瑕禅师肉身也重新上漆、贴金、整个寺宇焕然一新。

现存的百岁宫,整个建筑由五层高楼融山门、大殿、肉身殿、库院、斋堂、僧舍、客房为一整体,无单体建筑配置,远看犹如通天拔地的古城堡。肉身殿内供奉无瑕和尚真身和他所书"血经"。这尊肉身像,历350余年而不坏,人皆叹为奇迹。在临崖而筑的东平房内,悬挂着2000斤重的古铜钟,僧人口诵钟上铭文,每隔片刻撞钟一次,昼夜不停。

(四)祇园寺

祇园寺在东崖西麓,迎仙桥东。为九华山四大丛林之一。始建于明代,初称"祇树庵"。清康熙年间是化城寺东序寮房,嘉庆年间隆山(洞山)和尚住持时,发展成为丛林。隆山和尚圆寂后三年开函,颜面如生,僧人装金供奉。其后迭经兴废。1982年重修,翌年将所有佛像装金,并重塑部分佛像,殿宇顿改旧观。

现存的祇园寺由灵官殿、弥勒殿、大雄宝殿、客堂、斋堂、库院、退居寮、方丈室和光明讲堂等九座单体建筑组成。灵官殿前有山门,飞檐翘角,龙头高挑。灵官殿内供奉护法神"灵官",两边分塑哼、哈二将。天王殿中央供弥勒像,两侧为四大天王,手中分执宝剑、琵琶、伞、绢索,气势森严。大雄宝殿中央供奉三尊大佛,中为释迦牟尼像,左右为阿弥陀佛和药师佛。大殿两侧依次排列着文殊、普贤菩萨和十八罗汉。三尊大佛背后为"海岛壁塑",上面塑有观音及善财、龙女、韦驮、李靖等大小近百个群体塑像,形态各异,神情非凡。大殿前后众多的楼院即客堂、斋堂、库院、退居寮、方丈室、光明讲堂等,错落有致。寺内有一口特大煮饭锅,称为"千僧灶",可以想见当年该寺僧人之多。

祇园寺左侧,有一座九华山佛教协会新建的上客堂宾馆,共有客房25间,床位60张。该宾馆的建筑,汇人工艺术与自然景物于一体,溶现代工艺与古代风格于一炉。其大理石门厅,霹雳砖走道,木席纸地板,使整座宾馆富丽堂皇,别具一格。宾客住此,可以日观缭绕香火,夜听钟鼓之声,别有一番情趣在心头。

(五)甘露寺

甘露寺在九华山北路半山腰。原名"甘露庵",又名"甘露禅林"。清康熙六年(1667年)玉琳国师奉旨朝礼九华山,途经此地,见定心石下风景优美,乃赞曰:"此地山水环绕,若构兰若,代有高僧。"时居伏虎洞的洞安和尚闻之即于此建寺。

动工前夜,满山松针尽挂甘露,人称奇迹,寺成后即以"甘露庵"为名。其后历经盛衰。1983年重修,1985年重塑佛像并上漆贴金。

现存的甘露寺,为一座民居与宫殿式组合的建筑群。寺依山而建,坐南朝北,高达五层,茂林修竹掩映,盘旋公路环抱,琉璃瓦顶,金光闪耀。寺内以大雄宝殿为主殿、宽畅宏伟。其他尚有韦驮殿、祖师殿、方丈室、知客堂、禅堂、客房等。寺旁有"定心石",嵯峨陡峭,行人坐大石上歇一歇,清风拂来,竹海松涛,心宁身爽。

甘露寺现为九华山佛教教育中心,先后办有"安徽省佛教九华山僧伽培训班""九华山佛学院""中国佛学院九华山寺院执事进修班"。一批来自全国各地和安徽省的学僧和寺院执事,于此通过一定时期的学习,获得了有关佛学理论和管理寺庙的知识,成为佛教事业的接班人。

(六)旃檀林

旃檀林在化城寺西南。又称"旃檀禅林"。北倚"琵琶形"山丘。山丘上有古树,木质坚硬,纹络纤细,酷具异香,僧人认为是佛家珍品旃树,即用以作寺院的栋梁,并将建造之寺庙名之为"旃檀林"。初为化城寺72寮房之一,后逐渐成为独立的丛林。旃檀林屡经修缮,屡有兴废。1982年重修殿宇,重塑佛像并装金。寺内藏有匾额、碑刻、法器、瓷器、木器等大量佛教文物。

现存的旃檀林,由四座厅堂式民居和宫殿式大雄宝殿组合而成。大雄宝殿高18米,飞檐翘角,鱼龙装点其上,廊檐彩绘,壮观异常。殿中供奉三尊佛菩萨像,两厢塑十八罗汉像,别具风格。其他建筑尚有弥勒殿、韦驮殿、僧房、斋堂、云水堂、花厅等。

(七)上禅堂

上禅堂在神光岭的肉身殿下。原名"景德堂"。始建于明代,规模不是很大。以后经多次重修、扩建,规模渐大。1928年住持僧志芳重修大殿,佛像装金,安单接众,渐具丛林规模。1957年观音殿毁于大火。1978年重修,渐复旧观。

现存的上禅堂,环境优美。其依山就势的建筑特色,别具一格。虽坐北朝南,但山门却开在东山墙。入山门即为弥陀殿,殿宇玲珑,开间紧凑。大雄宝殿与韦驮殿相对,殿宇宽畅,雕梁画栋,两殿合一。大雄宝殿内供奉释迦牟尼佛和观音、地藏菩萨像,十八罗汉分坐东西两侧,庄严肃穆。韦驮殿供奉的韦驮菩萨像,安置于精美的佛龛之中,雕刻精细。旁有客堂、僧寮,分别为接待宾客和僧人所居之处。寺宇旁边有"金沙泉",相传我国唐代大诗人李白用水之处。他曾在此取金沙泉水酿金钱树叶为酒,其味甘醇,后世传为美谈。

(八) 慧居寺

慧居寺在天台山西麓、中闵园东。原名"慧庆庵"。始建于清代,初基简陋。1938年住持普明重建大殿,扩充寮房,安单接众,僧人渐增,始具丛林规模,并改称"慧居禅寺"。抗日战争期间,青阳中学曾迁校于此,为培育青年作出贡献。1982年重修殿宇,1984年重塑佛像,并上漆贴金。

现存的慧居寺,背倚高山,西临竹海,环境优美。大殿(又称月牙宫)高深宽广,庄严辉煌。殿内供奉释迦牟尼、药师、阿弥陀三尊佛像及文殊、普贤两菩萨像,两侧供奉十八罗汉坐像。地藏殿供奉的地藏等塑像,均供奉在精美的佛龛之中。其他尚有僧房、客堂、禅房等。

(九) 天台寺

天台寺,即"地藏禅寺"。因坐落于天台峰顶端的青龙背上,故一般称之为"天台寺"。寺始建于宋,高僧宗杲曾写有天台诗:"踏遍天台不作声,清钟一杵万山鸣",写出了此寺的所在位置和始建年代。清康熙五十九年(1720年)有僧尘尘子于寺旁结茅,称为"活埋庵"。袁枚曾题诗:"谁把庵名叫活埋,令人千古费疑猜。我今岂是轻生者,只为从前死过来。"清代中叶,天台寺发展到极盛。其时,天台峰周围有48座寺已逐渐形成"八刹",均从属于天台寺,香火旺盛。咸丰年间,天台寺毁于兵燹。后虽重建,已无复当年的规模。1982年重修,翌年重塑部分佛像,并将所有佛像上漆装金。

九华山天台寺

现存的天台寺,建筑奇特。寺前有渡仙桥、捧日亭,桥石上题刻"天台正顶"四字。天台寺的建筑,依崖就石,设计灵活,克服了峰顶的高低参差。它横卧岭凹间,东面以峰脊(青龙背)为屏障,南面以玉屏台作为墙身,西面和北面以突兀的巨岩为连接点,在凹陷地上筑高达8米的石台基,构成平整的平面。殿宇的底部架空,下置蓄水井。整个建筑可防风寒,十分坚固。整座寺宇既无天,也无院落,但山门、大殿、万佛楼、观音殿、客房、云水房等,均安排得非常得体。寺内栋梁、门窗、佛龛等均雕刻精美,佛菩萨像也塑造得神情活现。天台寺作为九华山的最高建筑,是香客、旅游者所向往之地。千百年来流传着这样一句俗话:"来九华不到天台,等于没来。"

四、九华山的佛教文化发展

九华山是中国佛教名山,也是中国佛教文化发展的一个缩影。

九华山上现存的大大小小78座寺院,本身就显示出佛教文化的绚丽多姿。一座座宫殿式和民居式相互错落的寺宇建筑,表示着我国古代高超的建筑艺术水平。一尊尊庄严肃穆的佛菩萨像,显示出我国历代雕塑艺术的精湛。所有佛殿的画栋雕梁,又充分展现出雕刻艺术和彩绘艺术的高超无伦。许多寺庙,都收藏有为数众多的历代佛教文物。如化城寺内的"九华山历史文物馆",藏有历代佛教文物1800余件,件件都是珍品,显示出九华山光辉灿烂的佛教文化。

九华山历代多名僧。特别是清代的一些名僧,如杜多、敬简、力堂、心静、尘空、了然、神驹等,个个能诗工书,留下了许多诗文和书法。他们为九华山佛教文化的发展,作出了一定的贡献。

以弘传华严著名的近代高僧月霞法师,早在光绪二十四年(1898年)就和高旻寺首座普照法师组织人员于九华山翠峰寺创办华严道场(又称华严大学),进行僧伽教育。华严道场学制三年,招收学僧32人。近代名僧虚云就曾求学于此。虽因种种原因,华严道场仅办了一期,但促进佛教界培养了一批弘扬华严的僧伽人才。

为近代九华山佛教文化发展奠定基础的,还有当时东崖寺住持容虚法师。他于九华山研究佛教,颇有心得。特别是他于1929年倡议创办的"江南九华佛学院"及附设的九华平民小学,是九华山佛教史上光辉灿烂的一页。

江南九华佛学院设于九华山化城寺,学制分为普通科与专修科两种,普通科三年毕业,专修科不定期,以至少修满一宗的课程为准。普通科的课程设置有:小乘佛学概论、贤首学(华严学)等。其他课程还有国文、英文、文章作法、算术以及历史、地理、自然、音乐、艺术、体育等。正副院长为容虚、宽明,著名教授有寄尘、唯周、蕙庭等。其他课任教师尚有现月、推道、道航、渡航、梁石等。由于江南九华佛学院办学有方,成绩卓著,因而受到佛教界的鼓励与支持。当时的中华佛教总会特发嘉奖令,表彰容虚法师等创办的江南九华佛学院及两所小学是"首先提倡,不惮艰巨,热心毅力,殊堪嘉奖"。

江南九华佛学院办理了一段时间,为佛教界培养了一批僧才。

对九华山佛教文化事业的发展有较大贡献的还有义方法师。他于1937年住持天台寺时,曾阅读化城寺所藏之大藏经6777卷之全部。平时经常集众讲经。他工书法,善木刻,通医道,著有《九华指拿》一册(已佚)。他在九华山经常撰写佛学论文,论述钻研佛教教理的重要性,动员佛教徒努力学习佛学。

新中国成立后,义方法师积极协助当地政府建立"九华山文物古迹保管委员会",保护佛教文物古迹。1950年,他创办了九华山初级小学,招收附近贫苦子弟入学。两年后,又担任有11所小学的学区校长,为教育事业作出了贡献。

曾在九华山先后住持华天寺、祇园寺的宽成法师,也对九华山的佛教文化事业的发展有所建树。他对佛学研究有素,曾钻研《华严》《法华》《楞严》等经多年,颇具心得。法务之余,酷爱书画,尤以擅画兰花著名。一生收藏名画甚丰,后多捐赠九华山佛教协会。今九华山历史文化文物馆内藏有他所收藏的名画珍品多种。

除此以外,法华寺住持心坚法师,东崖寺住持定慧法师,百岁宫住持月朗法师、无相寺住持果建法师等,也都十分重视僧伽教育和佛学研究,对九华山佛教文化事业的发展发挥了一定的作用。

近年来,九华山的佛教文化教育事业有了更大的发展。1981年起,九华山佛教协会成立了佛学研究组,聘请海内外名僧,佛教学者来山讲经、讲学。从此以后,九华山的讲经活动,连绵不断。1991年9月,上海市佛教协会会长、玉佛寺住持真禅法师在九华山祇园寺开讲《地藏菩萨本愿经》,前后五天,听经的四众弟子始终挤满了讲经堂。真禅法师在讲经会上,把自己所撰的《地藏菩萨本愿品浅释》100册,分赠给听经者结缘。这次讲经,进一步推动了九华山佛教文化的发展。

近年来九华山佛教文化事业发展的重要标志之一是多次召开佛教学术研讨会、论证会,探讨和研究九华山佛教的起源和发展、金乔觉生平活动及其在中国佛教史上的地位与作用等。

1991年9月召开的"金地藏生平活动论证会",是九华山多年来佛教文化研究的一次总检阅。论证会开了三天,有来自上海社会科学院宗教研究所、美国加州大学、中国佛教文化研究所、吉林社会科学院朝鲜研究所、安徽师范大学、安庆师范学院、安徽地方志办公室等地的专家、学者和佛教界的高僧大德共40余人出席。论证会围绕了金乔觉的祖籍、生平和生卒年代;金乔觉来华时间;金乔觉修持宗派;金乔觉在九华山的活动;金乔觉诗文考;唐以后中朝佛教文化交往;金乔觉来九华山路线考证;地藏菩萨和金乔觉等十大论证专题,宣读了十余篇论文,并进行了学术讨论。

论证会上宣读的论文,内容丰富,观点新颖。学术讨论,发言热烈,各抒己见。大家对金乔觉在中朝佛教文化交流史上的地位与作用及其影响、金乔觉来华年代和在九华山圆寂的年代、金乔觉的祖籍和身世等三方面的问题,特别感到兴趣,发言尤为热烈。总之,这次金地藏生平活动论证会,对金乔觉的研究,有一定的广度和深度,还提出了不少需要进一步探讨的问题,对推动九华山佛教文化事业的发展,起到极大的推动作用。据了解,这种方式的研讨会,论证会,九华山每隔数年即召开一次,以进一步推动九华山佛教文化研究的发展。

近年来九华山僧伽教育也办得很有成绩。早在1985年9月,就于祇园寺(后移至甘露寺)开办了安徽省九华山僧伽培训班,第一期结业的学员共24人。1990年9月,又在甘露寺开办了九华山佛学院。这是一所以传授佛教经、律、论为基本学科的汉语系中等佛教学院,它以培养信仰虔诚,能立足于佛教岗位,面向现代化,面向世界,面向未来,既有一定佛学水平,又有切实修持的国际佛教文化交流和各地寺庙的中级管理人才为基本目标。学制二年,已有数十名学僧毕业。1991年9月,中国佛教协会还在九华山甘露寺创办了一所"中国佛学院九华山寺院执事进修班",目的是提高汉族地区寺庙执事的管理水平,发扬佛教优良传统。现在已有33名学僧在进修班结业。

培训班、佛学院和进修班,分别为九华山及全国各地寺院培育了一批僧才。

一年一度的九华山地藏吉旦庙会,也是九华山佛教文化的一个象征。

九华山庙会是纪念金地藏发展而来的。相传公元794年,金乔觉于农历七月三十,以99岁的高龄圆寂后,尸坐石函中,越三年未腐,广大信徒认定他是地藏菩萨化身,因而将农历七月三十作为金乔觉应化成金地藏的成道日。从此以后,九华山的僧众就每年的这一天,举行活动,届时各地信众、香客云集九华,通宵念诵《地藏菩萨本愿经》,在地藏肉身塔坐夜,历时七天。这时,附近商贩乘此纷纷上山摆摊设点,出售农副产品和商品,使得原来寂静的九华街,变得热闹非凡,这就逐渐形成了九华山庙会。后来,赶庙会的人越来越多,纪念活动的规模也越来越大,除了商贩的商品交易外,还糅合了一些民间娱乐活动。例如,除了佛教寺庙在庙会期间举行水陆法会、佛像开光传戒法会、盂兰盆会、讲经法会等外,还有舞狮、舞龙灯、杂耍、武术等,内容丰富多彩。

九华山地藏吉旦庙会,在"十年动乱"期间被迫停顿。自1983年恢复以来,内容一年比一年丰富,宣传活动也搞得很热烈。据有关方面统计,自1983年以来,九华山先后接待了海内外300多名摄影记者和文学记者,进行摄影和采访活动。在《人民日报》(海外版)、《华声报》、《中国日报》(英文版)、《北京周报》以及《安徽日报》、《九华山通讯》等报刊上,先后发表九华山的报道及有关文章,有300余篇(幅)。同时还拍摄了电视风光片《莲花佛国九华山》以及十多部以九华山为内容的对外宣传片。

1991年的九华山地藏吉旦庙会,内容特别绚丽多彩。其中佛事活动就有百岁宫的水陆法会,祇园寺的讲经法会,双溪寺的瞻仰"大兴和尚肉身"活动,肉身宝殿的朝拜地藏菩萨活动等等。文化学术活动和娱乐活动则有太白书堂落成典礼,南京区域十八地、市书画摄影展,金地藏生平活动论证会,中国佛学院九华山寺院执事进修班开学典礼以及灯会、佛教音乐演奏会等。

1992年和1993年的地藏吉旦庙会,也是热闹非凡。不仅法务活动频繁,商业贸易兴旺,而且文化、娱乐活动搞得非常精彩。

现在的九华山,是以佛教文化和奇丽的自然景观为特色,是游览观赏和开展科学文化活动的山岳型国家重点风景名胜区。九华山的佛教,在人间佛教思想的指导下,正朝着与建设有中国特色的社会主义社会相适应、相协调的方向前进着。随着改革开放的进一步发展,九华山将建设得更加美丽,九华山的佛教文化将发出它更加绮丽多姿的光彩。

五台山殊像寺康熙御碑笺注

韦彦铎

五台山为中国佛教四大名山之一,在山西省五台县东北,系太行山余脉,周围250公里。五峰高耸,峰顶平坦如台,故名。东台海峰,南台锦绣峰,西台挂月峰,北台叶斗峰,中台紫岩峰。中台最高,内多佛寺。中有殊像寺,坐落在台怀镇西南里许的凤林谷口北侧。背靠中台,主龙浑厚。右迤凤林,结宇山阿。左临般若,饮泉生慧。面对梵仙,饵菊成圣。

殊像寺原名殊祥寺(万历三十六年改名),据考证约建于后赵管辖山西时期(319—351)。内供文殊师利(亦称曼殊师利,意为妙德、妙吉祥,简称文殊),以智慧辩才,为大菩萨中第一,故尊号为"大智文殊"。顶结五髻,手持宝剑,坐莲花宝座,骑狮子,象征智慧、辩才、锐利与威猛。

此碑是清圣祖玄烨为皇母来寺祝厘,整修殿宇而立。碑文如下:

盖惟清凉福地,拱紫塞以标灵。台顶名山,蠹苍穹而耸秀。①文殊飞锡之所,凤号神皋。吉祥阐教之区,归多精刹。②况龛留古佛,为法海之殊观。壤接中台,乃香林之胜境。③创琳宫于自昔,葺绀宇以维新。④兹殊像禅寺,开基

名山佛教文化

五台山白塔寺

台畔，结宇山阿。何迩凤林，环千岩之紫翠。堂临鹿苑，俯万壑之烟霞。⑤峰曰梵仙，望层峦于天际。泉称般若，落清涧于云中。⑥殿有金容，因名殊像。天人肃穆，群瞻龙象之尊。仪度庄严，共礼狻猊之座。⑦青莲妙相，琉璃光映于林端。碧树幽栖，钟磬声闻于岭外。⑧乃以岁年历久，陈迹都荒。风雨所摧，僧寮非旧。慨此丹楹画壁，无非蛛网尘封。⑨朕为慈闱祝釐，故尔法驾戾止。悯慈颓废，爰命缔修。⑩梵宇再兴，呗筵如故。祇园金地，依然多宝之场。佛顶珠光，重现牟尼之瑞。⑪招担既肃，缁衲咸归。室可赖以安禅，用励清修之众。事有裨于劝俗，聿弘觉善之门。⑫式勒贞珉，永垂奕祀。⑬

大清康熙十九⑭　月　日

笺注：
① 盖惟清凉福地，拱紫塞以标灵。台顶名山，矗苍穹而耸秀。
(大意)五台山为圣贤居处，边塞环卫，标志明显，山体秀异，直接青天。
(注释)清凉：五台山本名清凉山。《华严经疏》云："清凉山者，即代州雁门郡五台山也，以岁积坚冰，夏仍飞雪，曾无炎暑，故名清凉。"福地：圣贤居地。紫塞：北方边塞。秦筑长城，土色皆紫，故称紫塞。苍穹：苍天。

② 文殊飞锡之所,夙号神皋。吉祥阐教之区,归多精刹。

(大意)五台山是文殊师利行止弘法处,原属神灵之地,当时寺院兴盛。

(注释)文殊飞锡:东晋以来开始发展一种崇信文殊的思潮,以山西五台山作为信仰文殊的圣地。飞锡,谓比丘之旅行。《释氏要览》:"今僧游行嘉称飞锡,此因高僧隐峰游五台,出淮西,掷锡飞空而往也。若西天得僧,往来多是飞锡。"神皋:灵妙不测之地。吉祥:即文殊师利,其名意为妙吉祥。阐教:陈述教义。教,在心为法,法发于言称教。精刹:寺院。

③ 况龛留古佛,为法海之殊观。壤接中台,乃香林之胜境。

(大意)这里留存古佛,地接中台,是佛法圣地。

(注释)龛:安置佛像的厨。法海:佛法广大难测,比之为海。香林:即丛林,僧所,指较大寺院。香,为能通人之信心于佛之使,故云香为佛使。

④ 创琳宫于自昔,茸绀宇以维新。

(大意)早岁创建寺院,现今给以重新。

(注释)琳宫:神灵所居之所,此指寺院。绀宇:或作绀园、绀殿、寺院异名。绀,深红之色。

⑤ 兹殊像禅寺,开基台畔,结宇山阿。何迩凤林,环千岩之紫翠。堂临鹿苑,俯万壑之烟霞。

(大意)殊像寺在中台边奠基,傍山弯造殿。靠近凤林谷。千岩环绕,紫翠满目。殿堂如临鹿苑,俯视万壑,烟霞弥漫。

(注释)凤林:凤林谷,在殊像寺右。鹿苑:鹿野苑之略。在中天竺波罗奈国,释迦牟尼得道后,始来此说四谛之法。佛教传说,释迦牟尼前身为波罗斯国王,有一片养鹿林地,每日献鹿供国王充膳。时一母鹿怀孕将产,鹿王菩萨告诉国王,愿以自己作替身。国王感动,放归群鹿因名施鹿林,亦即鹿野苑。

⑥ 峰曰梵仙,望层峦于天际。泉称般若,落清涧于云中。

(大意)在梵仙峰上瞭望,山峦重叠齐天。般若泉循涧而下,直落云际。

(注释)梵仙:山峰名,在殊像寺对面。般若:泉水名,在殊像寺左。

⑦ 殿有金容,因名殊像。天人肃穆,群瞻龙象之尊。仪度庄严,共礼狻猊之座。

(大意)大殿金身菩萨文殊师利,庄严肃穆,是龙象之尊,群民对之瞻仰礼拜。

(注释)殿:殊像寺中有大文殊殿。金容:佛为金色之身,此指文殊。其所乘为金毛狮子,其净土为金色世界。今殊像寺文殊像骑狻猊,总高9.87米,狻猊高3.95米。龙象:诸阿罗汉修行勇猛,力量最大者,佛家称为龙象。水行龙力量大,陆行象力量大,故作比喻。庄严:以善美装饰国土或以功德饰依身,称之庄严。狻猊:即狮子,文殊坐骑。

⑧ 青莲妙相,琉璃光映于林端。碧树幽栖,钟磬声闻于岭外。

(大意)菩萨光辉映树梢,钟磬声远扬山外。

(注释)青莲:青色莲花。其叶修广,青白分明,有大人眼目相,此喻佛眼。妙相:庄严形象。琉璃:蓝色宝石,为佛家七宝之一。钟磬:法器,作佛事集众而击。钟与磬,晓击以破长夜,警睡眠;暮击以觉昏衢,疏冥昧。

⑨ 乃以岁年历久,陈迹都荒。风雨所摧,僧寮非旧。慨此丹楹画壁,无非蛛网尘封。

(大意)由于岁月久远,旧迹荒废。风吹雨打,僧舍已非当年模样。感慨彩绘殿宇,满是蛛网灰尘。

(注释)年岁历久:殊像寺约建于后赵统治山西时期,代有修葺,到康熙十九年(1680年)清圣祖玄烨修葺,已有1300多年。寮:僧舍。《释氏要览》:"同官曰寮,今禅居意取多人同居,共司一务,故称寮也。"

⑩ 朕为慈闱祝厘,故尔法驾宸止。悯慈颓废,爰命缔修。

◇名山佛史◇

(大意)我(康熙帝)为皇母祝福,在此举行法事。怜惜寺宇颓废,于是下令修缮。

(注释)朕:皇帝自称。慈闱:康熙帝母。慈,慈母。闱,宫内后妃居处。厘(xī):福。厘能禧。法驾:佛祖驾临。戾止:来到。爰:于是。语首助词。

⑪ 梵宇再兴,呗筵如故。祇园金地,依然多宝之场。佛顶珠光,重现牟尼之瑞。

(大意)殿宇再兴,佛事群故。寺院依然是灵验道场,髻顶放光,再现佛祖吉祥征兆。

(注释)呗筵:作佛事。呗,梵音歌咏。筵,席位。祇园:祇树给孤独园之略。祇树即祇陀太子之树林,供养佛僧之所,此指殊像寺。金地:即佛寺。多宝:释迦在灵鹫山说《法华经》,忽地下有安置多宝如来金身舍利宝塔出现空中,塔中发声赞叹释迦,证明法华。

佛顶珠光:髻珠放射光芒。《法华经·安乐行品》:"文殊师利,譬如强力默哀轮圣王,欲以威势降诸国,而诸小王不顺其命。时转轮王,起种种兵,而往讨伐,王见兵众战有功者,即大欢喜,随功赏赐,或与田宅聚落城邑……唯髻中明珠,不以与之。"

⑫ 招担既肃,缁衲咸归。室可赖以安禅,用励清修之众。事有裨于劝俗,聿弘觉善之门。

(大意)寺院整肃之后,僧人全部回来。借此以激励静修僧众。事有益于规劝世俗,扩大觉善之门。

(注释)招提:魏太武造伽蓝,名为招提,后遂为寺院异名。缁衲:僧人。其穿着为紫而浅黑之百衲衣。安禅:入定。禅,静虑。聿:句首或句中助词。弘:扩大。觉善:发善心。觉,觉悟,开悟真理。善,指一切符合佛理的活动。

⑬ 式勒贞珉,永垂奕祀。

(大意)式:发语词。勒:雕刻。贞珉(mín):石刻碑铭美称。奕:大。

⑭ 大清康熙十九 月 日(岁次庚申,公元1680年)

天台山历代佛道盛况考析

朱封鳌

1987年11月,国家级风景名胜区专家评议组莅临天台,通过认真考察,确认天台山的特色为"山水神秀,佛宗道源"。后经国务院批准,天台山被列为国家级风景名胜区。为什么天台山千余年来佛道两教能同时兴起,并行不悖,不断发展,历久不衰?这个问题曾使评议组专家们颇感兴趣,都认为:应当将天台山佛道文化作为中国文化发展史中的重要课题加以研究。为此,笔者将天台山历代佛道发展情况,以及促成天台山佛道两教发展的外部因素和内部因素作一论述,以求教于方家。

一、天台山历代佛道盛况

天台山佛道两教发源于三国末年,至隋而唐而大盛。民国《天台县志·风土志》中说:"否邑以山水擅名域内,隋唐间多为道流、释子所栖,有洞天福地说。"天台山之所以能毫无逊色地享有"佛宗道源"之誉,可归纳为四个方面:

天台山图

一是历史悠久。佛教于汉代传入中国,主要在中原一带活动,南方僧徒和寺院很少。直至六朝,中原战乱,僧徒向南流徙,江南佛教才兴盛起来。值得注意的是,天台山却早在东汉三国时期,便有了寺院和僧人活动。据康熙《天台县志》记载:

> 资福寺　旧名清化,赤乌二年(公元239年)建。宋治平二年(1066年)改兴化。隆兴(1163—1164)初,改资福寺。[①]

可见资福寺是我国南方最早的寺院之一,比佛教圣地五台山建寺的时间还早(五台山是在北魏时〈386—534〉始有寺院)[②];比东南佛国普陀山更早(普陀山是五代〈907—960〉始建寺院的)[③]。道观也是这样。任继愈在《中国道教史》中说:"道教的历代渊源虽然可以上溯于久远的时代,但毕竟酝酿于汉代,诞生于汉末。"道教一兴起,道徒们便把天台山作为主要活动场所之一,兴建道院。据《天台山全志》记载,法轮院,在桐柏宫西,吴赤乌元年(公元238年)葛玄卓庵于此[④],妙乐院,在桐柏山,即王乔仙坛,旧名仙坛院,吴赤乌二年(公元239年)建[⑤];福圣观,在桐柏山南瀑布岩下,赤乌二年为葛玄建[⑥]。法轮院、妙乐院和福圣观,为我国南方名山最早的一批道院,比道教圣地茅山建道院的时间还早。茅山是在六朝梁代(502—557)陶弘景隐居时,始建道院的[⑦]。

二是寺观众多。国内不少佛道名山,都是因为历史上有几位高僧高道曾隐居修炼而著称于世,其实山中寺观并不多。如普陀山,大的寺院仅3所(普济寺、法雨寺和慧济寺)[⑧];五台山旧称"寺宇如林",据统计,历代主要寺庙也不过70多所[⑨]。被誉为"神仙窟宅"的崂山,仅有太清、太平、上清三大道场及华楼、遇真等宫;武当山宫观称多,也仅有太和、紫霄、南岩、玉虚、遇真、净乐、迎恩8宫及复真、元和2观[⑩]。

天台山历代寺观远比上述名山众多。据康熙《天台县志》《天台山全志》和民国《天台县志稿》记载:天台山历代寺观兴废不计其数,大的寺观共107所。

寺院方面:

汉末至六朝12所:主要有资福寺、白马寺、瀑布寺、飞霞寺、隐岳寺、清心寺、阐法寺、桐溪寺、大慈寺、宁国寺、开岩寺等;隋5所:有禅林寺、清凉寺、真觉寺、国清寺等;唐11所:有佛窟寺、万年报恩寺、白岩寺、西竺院、广严寺等;五代31所:有赤岩寺、金文藏院、天宫寺、宝相寺、慈云寺、秀岩寺、西定慧院、护国寺、大同寺、通圆定慧寺、太平寺、高明寺、延寿禅院、善兴寺等;宋21所:有普慈院、崇报院、净居院、崇善寺、传教寺、东广福院、证教寺、普光寺、慈圣寺、方广寺等;明3所:有信行寺、地藏寺等。

道观方面：

汉末至六朝4所：有法轮院、福圣观、妙乐院等；唐6所：有桐柏宫、元明宫、白云寿昌观、法莲院、洞天宫等；五代1所，即圣寿院；宋5所：有佑圣观、松隐道院、熙宁道院、玉京观等；元8所：有养素道院、仁清宫、纯素宫、鹤峰全真道观、桃源道院等。至于尼庵、道庵，历代多得无法统计。清初仅华顶山，规模很大。这里只举数例。据《天台山全志》记载：

国清寺　宋建炎二年(1128年)重新之。上方有兜率台，左右有五峰及拾得岩。双涧合流，浮图插汉，及振锡、回澜二桥。后岩有瀑布，大为奇胜。《九域志》以齐州灵岩(寺)、"润州栖霞(寺)、荆州玉泉(寺)并国清(寺)为'四绝'"。有香积厨、歌罗大神像，寺前有新罗园，唐新罗僧悟空所基。又有清香亭、雨花亭，殿后有雷音堂、振奎阁。阁后无畏室，室后更好亭，并有云顶庵、古竺院、栖云楼诸胜。寺后有鲜脱门，门外有止观亭[11]。

国清寺大雄宝殿

桐柏宫　宋大中祥符元年(1008年)改名"桐柏崇道观"。政和六年(1116年)，又于后山建元命殿，一如宫制，瓦用青色琉璃。于梭溪上建二桥。

桥上构会仙亭,在南岭表建洞门一座,内则方丈斋堂、云堂、土地堂、三真殿。又有上清阁、御书阁,冈三朝宸翰及高宗所临晋、唐帖。绍兴二十二年(1152年),杨和、王存中重建三清殿、曹开府勋建三门。曹又于观北结庵,赐号冲啬宫,中为院六:一曰经藏,二曰三元,三曰延宾,四曰清虚,五曰白云,六曰浴院。[12]

桐柏宫

三是高僧高道辈出。自六朝至清,天台山有"千僧万道"之称。特别是唐、五代、宋期间,僧道最多。唐睿宗景云二年(公元771年),下诏建桐柏观,并"辟封内四十里",供道士专用。五代至宋,从寺院所拥有的田产来看,可以想见当时僧众之盛。据《嘉定赤城志》记载:全县当时共有寺田36000余亩,地8000余亩,生产的粮食都供僧众衣食开支。

僧众中历代都有学识渊博的高僧。据《高僧传》《续高僧传》《宋高僧传》《补续高僧传》《中国佛教史》等书记载,天台山历代高僧共117人。

六朝12人:主要有支遁、昙兰、昙猷、慧明、定光、智𫖮、法彦、智越等;隋9

人：主要有智寂、普明、波右、灌顶、慧辩、慧威、智璪等；唐28人：主要有智晞、法智、善伏、智威、丰干、寒山、拾得、慧威(同隋唐僧名)、一行、玄朗、神邕、湛然、遗则、道邃、行满、广修、普岸、物外、元琇、道育等；五代13人：主要有清竦、师静、全宰、谛观、德韶、延寿、羲寂、义通等；宋16人：有居昱、知礼、遵式、处咸、义天、法具、志南、蕴常、行机、道济等；元6人：主要有怀则、先睹、昙噩等；明15人：有心泰、宗济、真觉、易庵、传灯、达珍等；清12人：有超然、耀冶、通朗、静海、授谦等；近代6人：有谛闲、可兴、兴慈等。

高道方面，据《历代真仙体道通鉴》及其《续篇》《后集》等书记载，天台山历代高道共82人。

汉及以前5人：主要有茅盈、张皓、葛玄等；六朝8人：有白云先生、许迈、葛洪、羊愔、褚伯玉、夏馥、徐则、陶弘景等；唐25：有王远知、叶法善、司马承祯、谢自然、甘泉先生、汪子华、许碏、田虚应、冯惟良、徐灵府、左玄泽、陈惠虚、陈寡言、叶藏质、冯夷节、刘处静、刘方瀛、间丘方远等；五代9人：有吕洞宾、杜光庭、王文果、金柔、厉归真、朱霄外等；宋14人：有张无梦、张伯端、陈景元、张契真、白玉蟾、张云友、王茂端、毛洞元、祝通玄等；元6人：有王中立、卢益修、曹法师、张雨等；明4人：有张静定等；清5人：有范青云、高东篱等。

四是著述丰富。天台山历代高僧高道都是很有学问，勤于著述的。据明释传灯《天台山方外志·台教考》记载，历代天台山高僧著述共300部，1000余卷。主要有：

> 智顗：《法华玄义》10卷、《法华文句》10卷、《摩诃止观》10卷、《禅波罗蜜》10卷、《修禅六法门》1卷、《光明玄义》1卷、《菩萨戒疏》2卷、《观音别行玄义》2卷、《观音别行义疏》1卷、《观心论》7卷、《觉意三昧》1卷、《方等三昧仪》1卷、《法界次第》3卷、《维摩玄疏》6卷、《回教义》4卷、《净土十疑论》、《观心食法》、《观心诵经法》、《观心十二部经义》、《小止观》。

章安：《涅槃玄义》2卷、《涅槃经疏》10卷、《观心论疏》2卷、《智者别传》1卷、《国清百录》5卷、《八教大意》1卷、《南岳记》、《真观法师传》。

荆溪：《玄义释签》10卷、《文句记》10卷、《山观辅行》10卷、《止观义例》1卷、《止观大义》1卷、《维摩广疏》6卷、《金刚錍论》1卷、《始终心要》、《十不二门》、《止观搜要记》10卷、《涅槃后分疏》、《观心诵经记》、《三观义》、《止观文句》、《华严骨目》、《法华补助仪》、《方等补阙仪》。

龙兴：《涅槃经记》。灵光：《光明玄义记》。广教：《光明玄金鼓记》、《十疑论注》。石壁：《观音疏记》。奉先：《发挥记》、《示珠指》。孤山：《首楞严经疏》10卷、《文殊般若经疏》2卷、《不思议法门经疏》、《阿弥陀经疏》、《四十二章经疏》、《瑞应经疏》、《无量义经疏》、《普贤行法经疏》、《般若心经疏》、《遗教经疏》2卷、《阐义钞》2卷、《索隐记》4卷、《百非钞》1卷、《刊正记》2卷、《发源机要记》1卷、《座裕记》10卷、《显性录》4卷、《正义》1卷、《摭华钞》2卷、《西资钞》2卷、《谷响钞》5卷。宝云：《观音疏记》、《光明玄赞释》、《光明句备急钞》。四明：《观音别行玄记》2卷、《观音别行疏记》2卷、《光明玄续遗记》3卷、《光明文句记》6卷、《观音疏妙宗钞》、《十不二门指要钞》2卷、《扶宗记》2卷、《十义书》3卷、《观心二百问》1卷、《解谤书》3卷、《修忏要旨》3卷、《光明忏仪》1卷、《大悲忏仪》1卷。慈云：《金光明护国仪》、《请观音忏仪》、《往生净土忏仪》、《炽盛光忏仪》、《小弥陀忏仪》、《法华三昧忏仪》、《天竺别集》、《金园集》。净觉：《金刚般若疏》2卷、《指归记》2卷、《发轸钞》3卷、《楞严文句》3卷、《楞严集解》10集、《禅门枢要》、《义学杂论》6卷、《诸经义题》、《楞严礼忏仪》、《慈溪讲外集》2卷。

明、清帝王还屡赐天台山寺院藏经。如万历十四年(1586年)九月，皇太后"命工刊印续入藏经41函，并旧劲藏经637函，赐万年寺，令其'庄严持诵，尊奉珍藏'"[13]。万历二十八年(1600年)三月，神宗又赐国清寺藏经。清雍正间，又赐高明讲寺藏经。

天台山的高道如葛玄,是东吴最有名的方士,据称修道得仙,呈为太极左仙翁。著《灵宝经》授孙权。《神仙传》《搜神记》均有记载。葛洪(283—363)字稚川,自号抱朴子,著有《抱朴子》内外篇、宣扬神仙方药、养生延年仙道学说,以及世事臧否、经国治世儒术,还编有《神仙传》《隐逸传》以及"碑颂诗赋"共130卷。以后褚僧标等高道又留下了不少著述。齐永明八年(公元490年),陶弘景(456—536)这位学识渊博、多才多艺、有"山中宰相"之称的高道,"至始丰天台山,谒褚僧标,及褚处宿旧道士,并得真人遗迹十余卷,游历山水,二百余日。"⑭他在天台写作《真诰》与《登真隐诀》等书,至于唐代的司马承祯、五代的杜光庭和北宋的张伯端更是著述等身的高道。

葛洪炼丹图

据《道藏》《新唐书·艺文志》《宋史·艺文志》《浙江通志·艺文略》和陈甲林《天台山游览志》等书记载,天台山历代高道的主要著作有:

葛玄:《胎息术》1卷。王远知:《易总》15卷。王松年:《仙苑编珠》3卷、《上清天中真鉴录》1卷。王文果:《王文果诗》1卷。司马承祯:《服食精义论》3卷、《琴三诀》1卷、《上清天地宫府图经》2卷、《登真系》、《夹服松叶等法》1卷、《枢翼》1卷、《灵宝五岳朝仪经》1卷、《修真养气诀》1卷、《修真秘旨》1卷、《上清含象列签图》1卷、《上清伺帝晨桐柏真人真图赞》1卷、《太上升无消灾记命妙经颂》1卷。徐灵府:《玄签》5篇、《默希子注文子》12卷、

《三洞要略》、《彭仲堪丹诀》、《天台山记》、《天台山小录》、《寒山子集序》。刘处静：《洞玄灵宝三师记》、《灵宝三师名讳形藏居观方所文》。闾丘方远：《太平经诠》13篇。杜光庭：《古今类聚年号图》1卷、《虬髯客传》1卷、《杜天师了证歌》1卷、《玉函经》1卷、《道德经广圣义》50卷、《阴符经注》1卷、《二十四化诗》1卷又图1卷、《神仙感遇传》10卷、《圣祖历代应现图》3卷、《仙传拾遗》40卷、《王氏神仙传》5卷、《历代帝王崇道记》1卷、《道教灵验记》20卷、《道经降代传授处载记》1卷、《道教灵验记》20卷、《安镇城邑宫阙仪》1卷、《太上黄箓斋题真文玉诀仪》1卷、《醮章奏仪》18卷、《天心正法修真道物设醮仪》、《太上三洞传授道德经紫虚灵拜表仪》、《灵宝明真斋忏灯仪》1卷、《太上河图内元经禳灾九坛醮仪》、《灵宝安宅醮仪》1卷、《灵宝自然行通仪》1卷、《太上正一阅箓仪》1卷、《洞神三皇七十二君斋方忏仪》1卷、《太上洞神太乙河图三元仰谢仪》1卷、《玄门枢要》、《道门枢要》1卷、《混元图》10卷、《三教论》1卷、《大宝论》1卷、《洞天福地岳渎名山记》1卷、《文集》30卷、《录异记》10卷、《东瀛子》1卷、《广成义》80卷、《真诰条例始末考》、《壶中集》30卷。王茂端：《灵宝教法秘录》10卷。张无梦：《还元篇》、《琼台集》。陈景元：《道德经注》、《老子藏宝纂微》、《庄子注》、《高士传》100卷、《大洞经集传》、《度人经传》、《文集》20卷。张伯端：《通元秘要悟真篇》、《长生要义》1卷、《金丹四百字》1卷、《玉清金笥清华秘文金宝内炼丹诀》1卷。祝通元：《修真诗》。无名氏：《赤城隐士服药经》3卷、《紫阳真人内传》1卷。

唐开元初年，唐玄宗下诏搜罗天下道教经书，编纂道经总集《三洞琼纲》（即《开元道藏》），共收全国道经3744卷，内录有天台桐柏300余卷，约占12%左右。[15]咸通十三年（公元872年），高道叶藏质整理桐柏道藏，建斋藏经，将道书700余卷移藏于玉霄宫，称"玉霄藏"。五代周广顺元年（公元951年）吴越王钱俶召见天台山高道朱霄外，赐金银子《道经》200函。[16]据统计，当时桐柏玉霄宫和崇道观的道藏,共有 1000 多卷。近人陈国符在《道藏源流考》一书中认为:"五季重道藏,其可考者,一在蜀中,杜光庭建;一在天台桐柏宫,吴越忠懿王建。"足见当时天台桐柏道藏在国内的重要地位。

五是影响深远。佛教方面,自从有陈太建七年(公元 575 年),智𫖮以《妙法莲华经》为主要教义根据,创佛教天台宗,为中国佛教的第一个宗派。他撰述的《法华玄义》《法华文句》《摩诃止观》,总称"天台三大部",同时,他建立

中日天台宗祖师碑亭局部

"三谛圆融""止观双修"的修行方法,以及判教理论的"五时八教",影响极为深远。唐宋时代,已经传至日本、朝鲜和东南亚各地。唐贞元二十年(公元 804 年),日本高僧最澄入唐求法,至天台山从道邃、行满学习天台宗教义。从此,国清寺成了佛教天台宗的祖庭。返国后,以比睿山为日本天台山,传播天台宗。宋元丰八年(1085 年),高丽(在今朝鲜半岛)高僧义天来华求法,从慈辩学习天台宗教义,并礼拜佛陇山智𫖮塔。元祐元年(1086 年)携天台宗经卷回国,创高丽天台宗,信徒云集。

道教方面,自三国赤乌元年(公元 238 年)高道葛玄居天台桐柏山炼丹,创道教修炼理论以来,六朝的陶弘景、徐则加以丰富和发展。唐五代,司马承祯、杜光庭等,又对教理进一步深入研究。至北宋时期,张伯端集各家之大成,著《悟真篇》《青华秘文》等,演说金丹之旨,与《参同契》相互发明,被尊为南宗始祖。从此,天台桐柏山成了道教南宗的祖庭,佛道两教同时发展,同时享誉国内外,这是中国其他名山无法比拟的。

二、天台山佛道两教繁荣的原因

(一) 外部原因

1. 地理因素

天台重峦叠嶂,山水神秀。陶弘景《真诰》中极言其险峻和清幽:"天台山高一万八千丈,山有八重,四面如一。"又说:"越有桐柏之金庭,三灾不至,洪波不登,实不死之福乡,养真之灵境。"文学家孙绰则称其:"所立冥奥,其路幽回。或倒景于重溟,或匿峰于千岭;始经魑魅之涂,卒践无人之境。"[17]这种幽绝的胜境和封闭型的地理,正适宜于佛家和道家的修炼。

智顗认为,修禅需要在风景秀绝而幽僻的地方安居静处。他在天台山修禅时说:"不作公事,名之为闲;无愦闹故,名之为静。有三处可修禅定:一者深山绝人之处;二者头陀兰若处;三者兰若伽蓝。深山远谷,途路艰险,永绝人踪,谁相恼乱?恣意禅观,念念在道,毁誉不起,是为最胜。"[18]天台风景秀绝,途路艰险,早在梁代,就有天花尊者"至天台山禅定,绝迹人世五十年。"[19]智顗亦于陈太建七年,力辞宣帝、百僚之留请,以金陵喧闹,不宜修禅为由,率徒"直指东川",栖隐天台。智顗之后,历代高僧来山修禅建寺者更络绎不绝。明代传灯也称天台:"山水幽清,林木深邃,人烟僻绝,仙圣幽栖。以故遁世无闷之士,不事王侯之宾,或梯山航海以孤征,或挈家携朋而至止,饮啄林泉,栖迟人外,污言本所不闻,何须选耳烟霞,终日属目,故自陶怀。"[20]

同时,天台山还有许多佛教的传说,令人神往。如宋僧法照《昙华亭记》载:"按《西域记》:佛

罗汉隐圣图

言震旦(中国)天台山石桥方广圣寺五百大阿罗汉居焉。或者以为诞。东晋地梵僧白道猷始灵抉之,由齐梁隋唐至于我宋,国王大人莫不遐仰,通儒明公见于赋咏,图志可考也。"[21]景定二年(1261年),丞相贾似道命僧妙弘建昙华亭,供五百罗汉茶,茶瓯中出现异花,并有"大士应供"四字。这一神奇的传说,更增加了佛教徒朝拜天台山的虔诚之心。

道家也是如此。他们称风景奇秀幽绝之名为洞天福地,宜于修炼,是成道之所。葛洪《抱朴子》、支遁《天台山铭序》和陶弘景《真诰》,都认为天台山是理想的名山。唐崔尚《桐柏观碑记》中称颂桐柏山云:

夫其高居八重之一,俯临千仞之余,背阴向阳,审曲面势,东西数百步,南北亦如之。连山峨峨,四野皆碧,茂树郁郁,四时恒青。大岩之前,横岭之上,双峰如阙,中天豁开。长涧南泻,诸泉合漱,一道瀑布,百丈垂流,望之雪飞,听之风起。石梁翠屏可倚也,琪木珠条可攀也。仙花灵草,春秋竞发,幽鸟清猿,晨暮合响,信足赏也。始丰南走,云嶂间起;剡川北通,烟岑相接。东则亚入沧海,不远蓬莱;西则浩然大山,无复人境。总括奥秘,郁为秀绝,苞元气以混成,镇厚地而安静。非夫神与仙宅,仙得神营,其孰能致斯哉![22]

天台山也有许多道教方面的地域传说。《历代神仙体道通鉴》载有"(轩辕)黄帝尝往天台山受金液神丹"之说。《真诰》称:"商伯夷、叔齐死为九天仆射,治桐柏。"《神仙传》称:"王乔,字子晋,周灵王太子,好吹箫,作凤鸣,后乘白鹤而去,道家称为右弼真人,治桐柏山,掌吴越水旱。而最有名的则是关于刘晨、阮肇采药遇仙的记载。"[23]

五代时期,杜光庭居天台山,撰《洞天福地岳渎名山记》,将天台赤城山列为天下十大洞天之六,又将灵墟(天封)、司马梅山等列为七十二福地之一。山川钟灵毓秀,促进了道教的繁荣。

2. 政治因素

汉末北方战乱频繁,而南方比较安定,不少高僧向南方迁徙,寻觅名山隐居禅修。如："慧明、姓康、康居(古西域国名,约在今巴尔喀什湖和咸海之间)人。初世避地于东吴。明出家章安寺,后登赤城山石室,造卧佛,并造昙猷像,更名卧佛岩。"[24]北魏太武帝灭佛后,北方僧侣往南方避难者更是不少,如当时的天花尊者,从北方长途跋涉来天台山,创开岩寺[25];还有慧实、慧达等,皆是避乱来到南方,隐居天台山的。道教方面,也是如此。当时北方战乱,三皇派、高玄派渐渐衰落,而在江南天台山、茅山一带,日臻兴起上清道派。上清派不仅注重道士个人的文化素养、宗教道德修养、个人身心的修炼,而且还有一套清静无为的安邦治国的主张。唐至五代的潘师正、王轨、吴筠、司马承祯、李含光、应夷节、杜光庭等高道,著述宏博,立论精湛,力辟道门歪邪之气,使上清派成为道教最上乘的道派,受到帝王的青睐,并影响到宋元明以后。

同时,汉末以来,社会危机加深,偏安南方的最高统治者,也感到儒学不能维持正常的社会秩序,上层士族到儒学以外寻找新的精神支柱。而佛道两教也想用一套宗教救世之方,改良政治,变易风俗,慰藉人心,重新恢复社会秩序的稳定。他们都声称以护国、护法、护众生为最终目的。道教的《太平经》,就属于汉末社会批判思想。它提出了一套道教式的清静无为治国的方案和人生理想。佛教也是如此。如智𫖮一再宣扬"五戒"对"五常"。他临终在《遗晋王书》中说:"生来所以周章者,皆为佛法,为国王,为众生。今得法门,仰寄三为,具足六根释矣。命尽之后,若有神力,誓为影护王之土境,诸愿法流衍,以答王恩,以副本志。"[26]唐宋以后,高僧高道的主张也莫不如此。

每当国难深重时期,封建帝王便想借助佛力和神力延长国祚,往往派朝臣延请天台山高僧或高道,为他们消灾祈福,或征询安邦治国之计;太平盛世也要延请他们入京,征询修身养性,长生不老之法,这样的事例很多。据《天台山全志》记载:天台山高僧受帝王延请的有:"竺潜,字法深……晋哀帝两招之至建业,随还山。"[27]"慧明,姓康……竟陵文宣王遣使召至京师,随辟还山。"[28]"智𫖮,字德安……陈主凡三遣使,皆自手书敕诏。陈亡后,隋炀帝为晋王时信奉之。"[29]高道受帝王延请的有:“徐则,梁武帝诏讲道要,徐陵钦其风致,力作颂焉。晋王杨广,召问道法”[30]“司马承祯,唐武后尝召之……睿宗复迎至京师,问以阴职术数之事,曰:‘治身无为,则清高矣,治国无为,如何?’承祯曰:‘犹身也。老子曰:游心于淡,合气不漠,顺物自然,而无私焉,而天下治。’《易》曰:‘圣人者,与天地合其德。’是知无不言而信,无为而成。无为之旨,治国之道也。”[31]这些话乃是道有治国的基本主张。又如“吴筠,游天台,观沧海……明皇召问,每天陈皆名教世务。”[32]五代时,释道并重,高僧德韶居天台山,深得吴越王钱俶的尊重,奉为国师。德韶在参与钱俶掌握政权,确定国策的过程中,出过不少好主意。他还曾与净光一道对钱俶提出:“唐末丧乱,教籍多毁,诸文多在海外。”[33]于是,钱俶特派10位使节,往日本国求取教典。道教方面,“杜光庭,考《真诰》条例始末,故天下羽禤,永受其赐。郑畋荐其文于朝,僖宗召见,赐以紫服象简,充麟德殿文章应制,为道门领袖。”[34]宋代也一样,宋真宗、仁宗屡次派朝官来天台山延请高道高僧。宋真宗得知高道张无梦隐居天台琼台,即召至京,“令讲《易》。(无梦)即说《谦》卦,曰:‘方大有时,宜守之以谦。’除著作郎,不受。”[35]宋仁宗还派人供施天台石桥五百应真,以祈国祚久长。

当然,也有一些高道,清高守节,不愿出山,多次婉拒了帝王的延请。如唐代“甘泉先生,隐华顶峰,频诏不起。开元十八年(公元730年),玄宗特于王屋山置台观以居之。”[36]“应夷节,唐武宗会昌(841—846)中,就天台桐柏观之西面,别建净坛以居……诏赐服号,固辞回。”[37]“闾丘方远,受法箓于天台玉霄宫叶藏质……唐昭宗累征之,不赴召,降诏褒异,赐号妙有大师元同先生。”[38]“徐灵府,居天台云盖峰虎头岩石室。会昌中,频诏不起。”[39]他们的高尚品行,更为帝王所器重。

由于上述政治因素,天台山的名望很高。六朝以来,帝王下诏建造或赐号的寺院,有:“飞霞寺,梁岳阳王(萧詧)建。”[40]“国清寺,隋开皇十八年(公元598年)建,……后炀帝敕扬州众僧参立寺名。弟子智璪启:昔陈世有定光禅师亦曾梦于先师曰:'寺若成,国即清',当呼为国清寺。大业元年(公元605年)赐此额。"㊶"白岩寺,唐贞观十年(公元636年)赐号白岩寺。"㊷"永宁寺,后周显德四年(公元957年)吴越王建。"㊸"崇法寺,五代僧愿齐建,吴越王赐号崇法寺。"㊹"万年报恩寺,宋雍熙二年(公元985年)改寿昌寺,敕造罗汉像五百十六身。"㊺等等。道观方面,天台山历代由帝王敕建的有:"桐柏宫,唐睿宗景云二年(公元711年)为司马承祯建。"㊻"法轮院,(五代)汉乾祐(948—950)中,钱氏(俶)复为朱霄外新之,仍造檀香一百躯。"㊼"白云昌寿观,在崇道观西,宋乾道四年(1168年),赐观额。"㊽"玉京观,在赤城玉京洞天之右,宋政和八年(1118年)赐额建观。"㊾元至正年间(1341—1368),桐柏道士王足庵遇世祖,宣授"仁靖纯素真人",遂于左右旧白云观基建纯素宫,又其左建仁靖宫。㊿历代帝王屡为敕建寺观,天台山僧道政治地位之高,于此可见。

3. 经济因素

经济是僧道发展的基础,它关系到僧道生活,殿宇修建等等。天台山古代虽然自然经济并不发达,但能供养千僧万道,有其多方面的经济来源:

(1) 帝王赏赐:历代帝王赐钱物者不计其数。早在六朝陈宣帝时就下诏:"宜割始丰县调以充费。"㊶陈少主又曾口敕:"送扶月供夏服一通,细蕉五端,绢布各十匹,绵十斤,黄屑二斗。扶月白米五石,钱三千文。"㊷陈后主则"扶月供薰陆香一合、檀香三十斤,中藤纸一堕,乳酥一斗,钱二千文。"㊸晋王杨广施物无微不至,从吃的盐、米,穿的袈裟,布袜、靴帽,直至卧铺用的乌纱纹帱、卧褥、席等等。同时,赐寺院田产。开皇十八年(公元598年)晋王杨广敕:"所求贵寺水田以充基业,亦勒王弘施肥田良地。"㊹当时仅国清寺就有庄田十二顷。宋以后,帝王赏赐更多,如宋真宗景德年间(1004—1007)给国清寺赐金万两,重建寺宇;天禧年间(1017—1021)给万年寺赐"朱衣宝盖及御袍曳履,给珍玩甚众。故有'亲到堂',以仁宗赐衣时有'如朕亲到'之语。"㊺元代帝王甚重佛教,"台山诸寺免田敕,付勒石者甚多。"㊻明代万历三十年(1602年)神宗派太监"赐经一藏,饭僧内金千两,建藏阁内金四百两。"⑰等等。天台山的道教也一样,受帝王赏赐甚多。唐睿宗为司马承祯建桐柏观,⑱并赏赐金银,宋代张无梦,居琼台,修神仙之术,宋真宗"令台州给著作郎俸以养老"遣。又皇甫坦,因治愈显仁太后目疾,太后⑲使至天台赐巨额金银,及沉香三百两,并令地方官供给道众衣食。⑳总之,天台山历代高僧高道,由于受到帝王宠信,经济有了来源。

(2) 名公、富家舍施。传灯说过:"佛昔于灵山会上以法嘱累国王大臣之匡护,非有私于子孙也,使佛法得行于世间,众生同跻于寿域耳。"㉑天台山历代佛道的繁荣,是与名公、富豪舍施分不开的。据记载,六朝的徐陵(官至尚书左仆射)、徐克孝(官至国子祭酒)、毛喜(官至五兵尚书)、王弘(官至司马),唐代梁肃(官至翰林学士)、虞世南(官至秘书郎)、陆淳(官台州刺史),五代钱惟治(官四明郡守),宋代杨亿(官知制诰)、夏竦(封郑国公)、李庭芝(官台州刺史),明代冯开之(官至太史)等等,皆曾捐献大量金帛,建造天台山寺观。㉒近代更是如此。清光绪十五年(1889年)李宗邺在《重建天台山真觉寺智者大师肉身塔并修理荆溪、慧瑫二尊者石塔,置买灯田碑记》中,记载当时名公绅淑合力捐资之事,尤为具体:"是役之兴也……一时宰相、缙绅、淑媛、命妇及诸善人莫不倾囊恐后,而得成此巨功。计自六年(1880年)披榛剔莽以来,建造塔院银一万三千余元,买田购地又千数百元。修复荆溪、慧瑫二尊者石塔,并填平道路,建造路廊、茶亭,又二千余元,合数共万七千零。"这样的事例并不罕见。

(3) 僧众节衣缩食,购置田产。

天台山历代僧道,富有艰苦创业的勤劳品行。传灯在《天台山方外志》中说:"台山之田下田也,台山之寺穷寺也,台山之僧苦僧也。其以道德自负者,则必深入无人之境,自修自度,然乐则乐矣!"宋咸淳十年(1274年),石余亨在慈圣寺《飞泉田记》中,写寺僧节衣缩食,购置田产的情况较有代表性地反映了他们艰苦创业的精神:"寺之僧智通精密艰苦,常出力经纪,弗避燥湿寒暑,遂以得疾,则曰:'吾身病矣,心固未病也。'为之益力。自淳祐之八年,鸠良材,新栋宇,范金合土肖诸鬼神像。苟全矣,则与弟子端楷者曰:'吾寺粗立,寺之力未裕,且建且复废矣。'于是取囊中之余,以其俗之姓,买本都飞泉田,旋积岁租,增至丘段,以入于寺。著其约曰:'岁别储其所入,以待屋之弊而时葺之外,皆不得妄移一钱。'[63]"其精神令人感动。

还有不少寺院的僧众开荒造田,自食其力。如宋丁可《福田庄记》载:"伊庵权师来天台主万年,方外禅衲,云间雾合。师与其徒子信曰:'来者多食指奈何?吾睹大舍之阳,罗汉之麓,淖泥之沶,去寺数里,两山阴阴,雪棘风林,夹径深深,老木千寻,伏虺匿蝮,行迈寒心。汝其屏除丛灌,攘剔芄楱。高可以艺,下可以殖。大舍之左,平田之东,洩瀑之上,去寺一舍,四山低回,不险既夷,土膏水深,原田每每,菅茅莽葺。风雨丛滋,汝其薙翳,荟刜蓊郁,可以经理。沟塍井画,疆场于是,巨室豪家,具以为宜。接轸踵毂,委赀敬金,迤逦风靡,赞喜无数。'[64]"后来,他又在其地筑"福田庄"。

由于历代帝王、名公、富豪的大力支持和天台山僧道的刻苦创业,才使经济有了来源,千僧万道的生活和寺观建设有了保障。

(二) 内部原因

天台山历代佛道两教之所以繁荣,除了外部原因——天时地利外,还有内部原因——人和(主要指历代僧道的良好素质)。可归纳为三个方面:

1. 传承因素

佛道两教都是依靠师徒传承而发展的。天台山由于历代高僧高道众多,教徒亦多。

(1) 佛教传承。佛教以剃度的方式超度众生。对其高足,则授以衣钵。天台宗高僧智顗居山20多年,剃度数百人。高足章安(灌顶)得其衣钵。至北宋已传17代,后分山家、山外两派。山家以知礼为正传,主张"妄心观";山外以悟恩为祖,主张"真心观"。山家、山外之争,历时7年,终以山家之说取胜,代表天台宗而盛行于后世。现将天台宗主要祖师传承体系列表如下:[65]

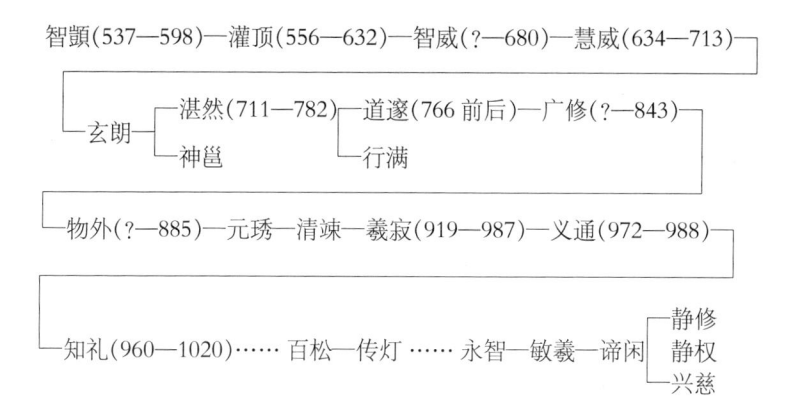

```
智顗(537—598)—灌顶(556—632)—智威(?—680)—慧威(634—713)┐
┌───────────────────────────────────────────────────────────┘
├─玄朗─┬─湛然(711—782)─道邃(766前后)─广修(?—843)┐
│      └─神邕                     └─行满            │
┌───────────────────────────────────────────────────┘
├─物外(?—885)─元琇─清竦─羲寂(919—987)─义通(972—988)┐
┌───────────────────────────────────────────────────┘
└─知礼(960—1020)……百松─传灯……永智─敏羲─谛闲─┬─静修
                                                  ├─静权
                                                  └─兴慈
```

唐代开始,即有禅宗来天台山传法。高僧遗则受牛头山(在今南京)慧忠法,至天台佛窟岩结茅以居,传牛头禅40余年,人称"佛窟学"。高僧普岸于大和七年(公元833年)来天台平田营筑平田院(即万年寺前身)。禅宗在天台山亦繁衍不绝。兹将国清寺、华顶寺、万年寺,自唐至清、禅宗主要高僧列表如下:

国清寺

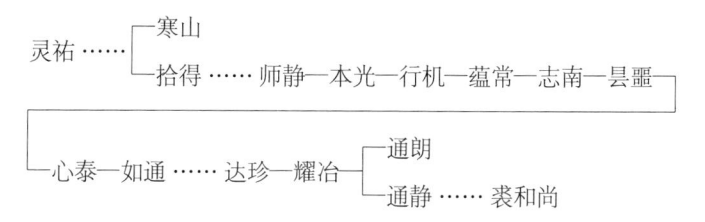

```
灵祐……┬─寒山
        └─拾得……师静─本光─行机─蕴常─志南─昙噩┐
┌───────────────────────────────────────────────┘
└─心泰─如通……达珍─耀冶─┬─通朗
                         └─通静……袠和尚
```

华顶寺

```
景欣……德韶─┬─智觉
            ├─延寿─遇安─法具……先睹─┬─宗济
            └─宝云(朝鲜)              └─宗泐
```

万年寺

普举─道育(朝鲜)……从礼─法一──昙贲……马公……

特别是宋建炎四年(1130年),高宗下诏"易教为禅",国清寺成为"五山十刹"之一,名扬海内外,国内有大批禅宗僧人来山求法,日本、朝鲜等国的名僧,也不断来访。开庆元年(1259年),日僧彻通义介入宋求法,绘下《五山十刹》图,带回日本。日本的禅宗(临济宗)从此大兴。

(2) 道教传承。天台山道教,最早兴起的是上清派。他们传授丹诀非常神秘,选择门徒也十分郑重其事。葛洪说:"道家之所至秘而重者,莫过乎长生之方也。故血盟乃传。传非其人,戒在天罚。"⑥葛洪师事郑隐时,同时向郑隐学道的有50余人,只有葛洪因为"尪羸,不堪他劳,然无以自效,常亲扫除,拂拭床几,磨墨执烛,及与郑君缮写故书",最后得到信任,"见受金丹之经及《三皇内文》、《枕中五行记》,其余人乃有不得一观此书之首题者。"⑥愈是神秘其术,从学者愈多。兹将天台山上清派自汉至北宋初期的传承体系列表如下:

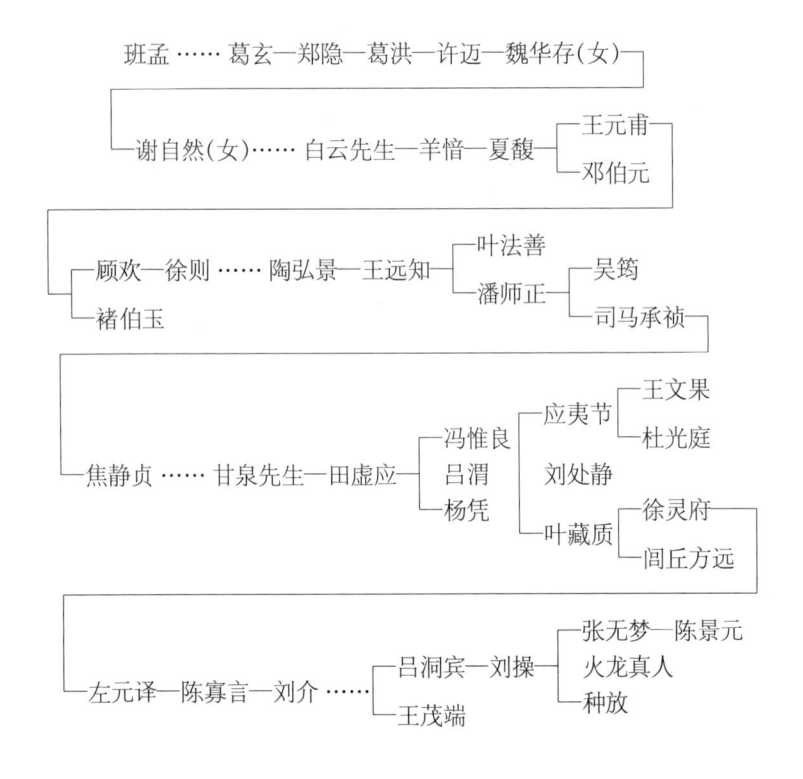

```
班孟……葛玄—郑隐—葛洪—许迈—魏华存(女)
谢自然(女)……白云先生—羊愔—夏馥—王元甫
                              邓伯元
顾欢—徐则……陶弘景—王远知—叶法善
褚伯玉                    潘师正—吴筠
                              司马承祯
焦静贞……甘泉先生—田虚应—冯惟良  应夷节—王文果
                          吕渭         杜光庭
                          杨凭   刘处静
                                叶藏质—徐灵府
                                      闾丘方远
左元泽—陈寡言—刘介……吕洞宾—刘操  张无梦—陈景元
                       王茂端    火龙真人
                                种放
```

北宋时期,被尊为道教南宗始祖的张伯端,晚年隐居天台山修炼,著《悟真篇》《青华秘文》等,从学者甚众,称为"天台仙派"。传至五祖白玉蟾,门徒甚多。有的定居天台山,有的云游天下,弘扬南宗教义。这样,不仅大大提高了天台山在海内外的知名度,还吸引了大批道徒来天台山求法。兹将南宗传承世系列表如下:

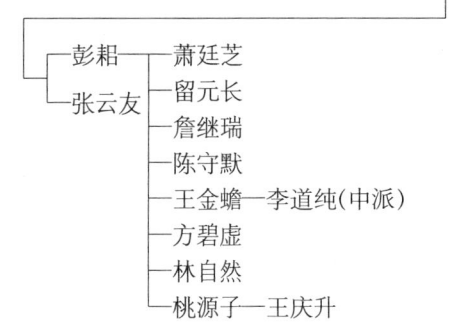

```
张伯端—石泰—薛道光—陈楠—白玉蟾
      ┌彭耜──┬─萧廷芝
      └张云友 ├─留元长
             ├─詹继瑞
             ├─陈守默
             ├─王金蟾—李道纯(中派)
             ├─方碧虚
             ├─林自然
             └─桃源子—王庆升
```

北宋中朝起，正一派日趋昌盛，上清、灵宝二派则渐呈衰落之势。正一派，最重符箓，宋元之际，在天台山兴极一时，其代表人物有：张雨、薛元卿、章心远、毛伯元、曹法师等。但不久即趋衰落，为全真道龙门派所代替。明、清两代，全真道大盛。属全真龙门一系的道士张三丰（1248—?）受明成祖钦仰而隐遁高蹈，声望很高，据传寿近200岁，成为吕洞宾以来最富魅力的"活神仙"。《三丰全书·道派》中称，张三丰师火龙真人，则张亦是上清派天台山的传人。兹将明、清全真龙门派天台山传承体系列表如下：

张伯端

```
周玄朴—张静定—赵真嵩—王常月─┐
                          ├─方镕阳—顾沧洲
  └孙守—范青云—高东篱─────┴─沈轻云
```

千余年来，天台山有了大批高僧高道世代传承，因而形成了千僧万道的繁荣局面。

2. 苦心钻研学术，弘扬教义

天台山历代高僧高道，皆苦心钻研学术，阐创教义，从不卷入教派之争。如智顗一生研究《莲华经》，以致晚年积劳成疾，他在《临终遗晋王书》中说："在山两夏,专治《玄文》(指《法华玄义》),进解经文,至《佛道品》为三十一卷,将身不慎,遂动热渴……"⑱由于他所创的天台宗,教义精辟,博得广大佛教信徒敬仰。以致"学徒强集,檀越自来。"明代传灯,为使"台宗重兴",除了著《楞严经义玄》、《楞严圆通疏》等佛学著作外,还到处奔波,用深入浅出的道理,弘扬天台宗教义。他在《幽溪别志》中说:"余自万历十三年(1585年),岁次乙酉冬,讲《法华经》于四明之阿育王寺,迫天启五年(1625年),岁次乙丑,讲《妙宗钞》于四明延庆寺。衰朽之年,七旬有二,即挝退鼓,归老台山。自始至终,凡四十一春秋,往来于台、温、宁、绍、金、处、苏、杭、嘉、湖间,年有垂席,岁无虚筵。"⑲由于他的努力,使濒于衰落的天台宗,在国内外的影响大大弘扬起来。

高道也是如此。陶弘景为了研究道家符图经法,在齐永明二年至四年(484—486),"博访远近以正之",先后走访茅山、大洪山、太平山、长山、天目山等,"游历山水,二百余日乃还。"⑳最后他以顾欢编纂的《真迹经》为底本,参考自己搜访所得的上清经诀及有关见闻,加以增删改写,注解诠次,在天台山编成《真诰》一书。张伯端在学道的过程中,更是历尽坎坷,但他诚心追求,九死无悔。终于学得"九转还丹"之道。他在《悟真篇》自序中说:"仆幼亲善道,涉猎三教经书,以至刑法书算、医卜战阵、天文地理、吉凶生死之术,靡不留心详究。惟金丹一法,阅尽群经及诸家歌诗论契,皆云日魂月魄、庚虎甲龙、水银朱砂、白金黑锡,坎男离女成金液还丹,终不言真铅真汞是何物色,又不说火候法变,温养指归。加以后世迷徒,恣其臆

陶弘景

说,将先圣典教妄行笺注,乖讹万状,不惟紊乱仙经,抑亦惑后学。仆以至人未遇,口诀难逢,遂至寝食不安,精神疲劳,虽询求遍于海岳,请益尽于贤愚,皆莫能通晓真宗,开照心腑。后至熙宁乙酉岁,因随龙图陆公入成都,以夙志不回,初试愈恪,遂感真人授金丹药物火候之诀。"这种刻苦求道,百折不挠的精神,是以他为首的南宗道士共有的优良品质。

3. 虚怀若谷,释道互为学习

佛道两教,一个追求轮回之道,一个讲究白日飞升,两者目标不同,国内释道混居的名山,往往两教互相毁谤,以致水火不相容;而天台山历代高僧高道,却能虚怀若谷,发明佛道新教义,圆融共处,互为学习,实为难得。早在南齐时,道士顾欢(420—483),写了一篇《夷夏论》,阐明道教是适合中国国情的宗教,不应"舍华效夷"提倡佛教,但他也认为"道则佛也,佛则道也"。佛道两教归根结底,教义可以通融。唐初天台山高道潘师正,参摄天台宗的佛性论,声称众生皆有道性。他在《道门经法相承次序》中,答唐高宗问说:"一切有形,皆含道性。"又说:"道性体义者,显时说为道果,隐时名为道性。"把道性与道果视为一物,谓凡、圣唯在隐显之间,为烦惑所覆,道性不显,即为凡;去烦惑,而道性显现即为圣。这与佛教天台宗佛性论讲的是同样的问题。

唐代司马承祯所著的《坐忘论》,其要旨虽宗承庄子,而实际是吸取了智𫖮止观学说精华,如"无所着"说的收心之要,观析烦恼等,与天台宗止观颇相一致。其静坐调心法,实为古代气功学遗

司马承祯

产,有很大的科学价值。

到了宋代,张伯端的道释融合思想尤为明显。《悟真篇》、《禅宗诗偈》(又名《悟真篇拾遗》)、《青华秘文》分别代表了张伯端在宗教归求过程中三个不同阶段的思想:始则出儒入道,倡以道家内丹为中心的三教归一论;中则出道入禅,以彻了禅宗性学为归宿,终则禅道双融而酿成一种独具特色的内丹说。他在《禅宗诗偈》序言中说:"俗体乎至道,莫若明夫本心。故心者道之体也,道者心之用也。人能体心观性,则圆明之体自现,无为之用自成,不假设功,顿超彼岸。"明本心,察观心性,乃禅宗的主旨,张伯端以此为"无上至真之妙道",并说此道与老、庄本旨相合。他又说:"世人根性迷钝,执其有身而恶化悦生,故率难了悟。黄、老悲其贪者,乃以修生之术顺其所欲,渐次导之。"若仅止于金丹命术而不通性理,张伯端认为便不超出三界,而沦为佛教《楞严经》所说不修正觉,不出轮回的十种仙。他又在《悟真篇》内外篇的《后序》中说:"故此《悟真篇》者,先以神仙命脉诱其修炼,次以诸佛妙用广其神通,终以真觉悟遣其幻妄,而归于究竟空寂之本源矣。"明言须由道入禅,方为究竟。

张伯端的后学中,主张禅、道事例的也不少,如白玉蟾主张以糅合释、道二家哲学的"以心契道"说为理论基础。他在天台山读张伯端的《青华秘文》后,著《玄关显秘论》说:"古者虚无生自然,自然生大道,大道生一气,一气分阴阳,阴阳为天地,天地生万物,则是造化之根也。此乃真一之气,万气之先,太虚大无,太空大玄……圣人以心契之,不得已强名曰道。以是知心即是道也。"这种"心即是道"的观点,与"止观"之说十分相通。

佛家对道家之说也同样尊重。被誉为"台宗中兴之祖"的传灯,在其所著《天台山方外志》中,常赞颂在天台山历代高道的品行,并录其神异之事,如在记"刘阮遇仙"条末,评述道:"不知彼有仙缘,缘即良媒。……学仙者唯恐不得见相,学佛者惟恐著相。虽一切不著,亦不固谓之无。"[①]

由于天台山历代释道,互相支持,互为学习,故不仅释道同居一山,相安无事,并且始为释,后入道;或始为道,后为释者,皆不乏其人。如宋代的陈惠虚"初为僧国清寺,尝与同侣游石梁,遇异人,彼此慕道。"至于寒山子。《天台山全志》和《天台山游览志》中把他列入"释",而他在诗中则又自称"喃喃诵黄老",则显然是兼通释道的一类了。

综上所述,天台山历代佛道之繁荣,寺观之众多,是国内罕见的,其所以能够成为佛道两教长期共存,彼此圆融的"仙山佛国",有天时、地利、人和等多方面的原因,是国内其他名山无法比拟的。至于佛教天台宗和道教南宗(天台仙派)的深邃教义,在中国宗教史上如同双峰并峙,各具特色,值得我们继续研究。

注释:
① 康熙《天台县志》卷十一《寺观》。
②《五台县志》第五编《宗教志》,山西人民出版社1988年版。
③《普陀县志》第四章《宗教》,浙江人民出版社1991年版。
④⑤⑥ (清)张联元《天台山全志》卷之五《宫观》。
⑦ 见刘大彬《茅山志》。
⑧《五台县志》第五编《宗教志》,山西人民出版社1988年版。
⑨⑩ 古都子:《洞天羽客》,黄山书社1991年版。
⑪《天台山全志》卷之六《寺》。
⑫ (清)张联元《天台山全志》卷之五《宫观》。
⑬ 明释传灯《天台山方外志·文章考》。
⑭ 宋《云笈七签》卷107引《华阳隐居先生本起录》。
⑮ 朱封鳌:《天台山风物志·桐柏山道藏考》,浙江大学出版社1991年版。
⑯ 明释传灯《天台山方外志·文章考》。
⑰ 晋孙绰:《游天台山赋》,见《昭明文选》。
⑱ 智顗大师:《摩诃止观》。
⑲《天台山全志》卷之七《释》。
⑳《天台山方外志》卷之十《隐士考》。
㉑ 明释传灯《天台山方外志·文章考》。
㉒ 陈甲林:《天台山游览志·桐柏》。
㉓ (六朝宋)刘义庆:《幽明录.刘晨阮肇》。
㉔㉕《天台山全志》卷之七《释》。
㉖ 明释传灯《天台山方外志·文章考》。
㉗㉘㉙《天台山全志》卷之七《释》。
㉚《旧唐书·司马承祯传》。

㉛㉜《天台山全志》卷之八《仙道》。
㉝《天台山全志》卷之七《释》。
㉞㉟㊱㊲㊳㊴《天台山全志》卷之八《仙道》。
㊵㊶㊷㊸㊹㊺《天台山全志》卷之六《寺》。
㊻㊼㊽㊾㊿（清）张联元《天台山全志》卷之五《宫观》。
(51) 隋章安大师:《国清百录》。
(52)(53)《天台山方外志》卷之十二《盛典考》。
(54) 明释传灯《天台山方外志・文章考》。
(55)(56)(57)《天台山方外志》卷之十二《盛典考》。
(58)（清）张联元《天台山全志》卷之五《宫观》。
(59)(60)《天台山全志》卷之八《仙道》。
(61)(62)《天台山方外志》卷之十一《金汤考》。
(63)(64) 明释传灯《天台山方外志・文章考》。
(65) 图中虚线表示其直承关系有疑问者,下同。
(66) 晋葛洪:《抱朴子・勤求》。
(67) 晋葛洪:《抱朴子・遐览》。
(68)《天台山方外志》卷十六《文献考》。
(69) 传灯:《幽溪别志》卷十五《幽溪道场赠遗考》。
(70) 宋《云笈七签》卷 107 引《华阳隐居先生本起录》。
(71)《天台山方外志》卷九《神仙考》。

当代论文

天台学研究刍议

杨曾文

笔者长年从事中国佛教研究，一提起天台学，首先联想到的是天台山为中国佛教名山、天台宗的发源地，国清寺是天台宗的祖庭，在中国和亚洲佛教文化史上占有重要地位。

中华民族文化源远流长，并且随着时代和社会进步不断充实和发展。两汉之际佛教从古印度传入并得到迅速传播，经与中国传统文化长期适应与结合，至隋唐时期基本完成中国化的历程，标志就是带有鲜明民族特色佛教宗派的相继形成，从而极大地丰富和发展了中华民族的文化。从此，佛教与自汉代以来占据正统地位的儒家和东汉时正式形成的道教构成中华民族传统文化的重要部分。

在隋唐成立的佛教宗派中，以隋代智𫖮（539—598）在今浙江天台山国清寺创立的天台宗最早。智𫖮精研大乘佛教经典《法华经》《般若经》《大涅槃经》和印度中观学派创始人龙树的《中论》等经论，在继承印度大乘佛教和中观学派学说的基础上，又直接继承南北朝时慧文、慧思的思想，撰写了《摩诃止观》《法华玄义》和《法华文句》（此为"天台三大部"）及《四教义》等，建立了以止观学说为中心，包括判教论、中道实相论、心性论及修行解说论在内的庞大教义理论体系，无论在内容和形式上都超出了印度佛教经论的框架和中国以往的佛教撰述模式，对中国佛教乃至文化产生了深远影响。

地处朝鲜半岛的新罗从中国传入天台宗比较早。在 8 世纪，法融、理应、纯英入唐师事天台宗六祖湛然(711—782),归国后传天台宗。10世纪,高丽僧谛观奉国王之命将中国已经佚失的天台宗教典送到杭州,此后师事羲寂学天台宗,直到去世,著有《四教仪》。11世纪高丽王子义天(1055—1101)入宋,在杭州从慧因寺净源受学华严教义,又师事天竺寺慈辩从谏学天台宗教义,回国前曾到天台山礼拜天台宗智顗祖师之塔,发誓归国弘传天台宗。回国后,高丽宣宗为他在松山西南建寺,借用中国天台山国清寺的名字,也叫国清寺,使天台宗在高丽得到迅速传播。

国清寺"中韩天台祖师纪念堂"供奉的祖师像

日本平安初期最澄(767—822)入唐求法,回国创立了日本天台宗。在日本佛教和文化发展史上,天台宗曾发生较大影响,甚至被称"日本文化之母"。在平安后期和镰仓时代(1192—1333)陆续形成的新佛教宗派中,融通念佛宗、净土宗、净土真宗、日莲宗的教祖以及从中国传入的禅宗临济宗、曹洞宗的日本教祖,原来都是日本天台宗的僧人。日本天台宗对日本历史和文化其他领域也有多方面的影响。

名山佛教文化

天台山不仅是佛教名山,是天台宗的发源地,而且也是道教名山。在三国时期有道士葛玄(164—244)在赤城山炼丹,后世被奉为灵宝派阁皂宗祖师。唐代著名道士司马承祯(647—735)隐居天台山修炼,撰有《修真秘旨》《坐忘论》等,主张"主静去欲"说。宋代道士张伯端(984—1082)在桐柏宫撰写《悟真篇》,主张内丹修炼,提倡"性命双修",为道教南宗祖师。

天台山也是诗僧寒山子、神僧道济(济公)的隐居地,留下很多带有神秘色彩和饶有趣味的传说佳话。

济公院内济公像

天台山自古就以自然风景秀丽出名,东晋名士孙绰在《游天台山赋》中描绘道:"天台山者,盖山岳之神秀者也。涉海则有方丈、蓬莱,登陆则有四明、天台。皆玄圣之所游化,灵仙之所窟宅。夫其峻极之状、嘉祥之美,穷山海之瑰富,尽人情之壮丽矣。"天台山除上述佛道二教多处景观之外,自然景观不胜枚举,特色可概括为古、幽、清、奇四字,有华顶七十二峰和众多悬崖峭壁,有石梁飞瀑、龙穿峡,还有茂密苍翠的广阔森林。植物有奇花异草,名贵药材有铁皮枫斛、乌药、黄精及笋箬,并且盛产名茶天台云雾茶、天台蜜橘等,

石梁飞瀑

其他农产品和矿产也十分丰富。

对拥有如此自然盛景和丰富人文资源的名山,在新时期有深入考察、研究和进一步开发的必要。

据笔者所知,台州市、天台县自20世纪90年代以来已经对考察和研究天台山文化作了规划和部署,成立了天台山文化研究会,出版过《东南文化·天台山文化专刊》。1993年与中国社会科学院世界宗教研究所等单位联合举办首届中国天台宗文化学术研讨会,取得了圆满成功,在1994年第二期《东南文化》上发表《天台山文化专号》作了详细介绍,前面载有任继愈教授写的序。三年后又举行第二次天台宗文化学术研讨会,在1998年《东南文化》增刊发表了介绍的专号。笔者荣幸地和任继愈教授被增选为天台山文化研究会第二、三届理事会的名誉顾问。此后,笔者对台州市、天台县的学术研究和活动情况罕有知闻。

前些日子,接到天台山文化交流中心宗教研究部主任朱封鳌研究员的电话,希望笔者为已经陆续编撰并出版的《天台学系列丛书》写篇序,又收到他寄来的书和资料,得知已取得一些成果,在出版的书中有朱封鳌撰写或参与撰写的《中华天台宗通史》《天台学史迹考察与典籍研究》《妙法莲华经文句校释》等,还有正在请人撰写的有关天台宗止观和心性论的著作。看到这些,笔者为当地学者在天台学研究方面取得的成绩而感到由衷高兴。

在当前举国响应党中央提出的推动社会主义文化大发展大繁荣的形势下,如何联合全国相关学者拓宽天台学的研究领域,系统深入开展天台学的研究呢?笔者想到以下几个问题,提出来供诸位考虑。

一、关于天台学的定义。天台学,应当涵盖对天台山自然结构、气候、生态环境、物产、民族、居民分布、工农业和人文历史、传统与现代政治、文化、教育、宗教、民间传说、社会风俗等方面作综合考察和研究的学科。可见,从"天台学"的内涵来说包括天台山自然与人文两大部分,然而从一般意义上,我们着重考察的重点是其人文方面。从进入近现代以后的情况看,无论国内还是国外,在研究天台宗文化方面已取得可观的成绩。日本所谓的天台学,实际是指天台宗学。因为天台宗传入日本后得到广泛传播,在历史文化上曾产生很大影响,与其他诸如真言宗学、华严学、真宗学、净土宗学相对,称为天台学。这与我们讲的天台学是有差别的。

二、继续加强天台宗教典和天台宗文化的研究。天台宗列祖,包括被奉为高祖的印度龙树在内的天台九祖,即:高祖龙树、二祖北齐慧文、三祖南岳慧思、四祖天台智𫖮、五祖章安灌顶、六祖法华智威、七祖天宫慧威、八祖左溪玄朗、九祖荆溪湛然。对他们现存的文献资料应作完备系统的整理与研究。其中,对天台宗真正创始人智𫖮和九祖荆溪湛然,应作重点研究。从智𫖮的经历和著作中,可以了解在中国经过长期分裂之后,南北文化的会通和交流中,佛教曾经担任过怎样的角色和发挥的重要作用。湛然对智𫖮所著《摩诃止观》《法华玄义》《法华文句》等教典作系统细致的诠释和发挥,不仅直接影响到宋代天台宗,而且也因日本传教大师最澄是从其弟子道邃、行满受法而归的,对日本天台宗的成立和发展有极大影响。

三、中国迄今对韩国、日本天台宗研究仍是个薄弱环节,能否创造条件加强这方面的研究呢?比如培养能够从事这方面研究的人才,联合国内外学者共同进行研究,开展国际学术交流,鼓励撰写专题论文或著作。

四、推进天台山地区道教历史和人物、文献的研究和民间传说的研究。

五、为聚集力量推进天台文化的研究,台州和天台县能否在已有网站,或开辟专门网站,将天台山文化的资料公开发布,让更多人方便了解和进行研究,例如关于天台县志、天台山志、国清寺志和天台宗著作、关于天台山道教的历史文献、经过初步整理的民间传说资料以及已经取得的研究成果介绍等等。

在全面建设社会主义小康社会,实现中华民族伟大复兴的中国梦的背景下,党中央作出全面深化改革的决定,将推动社会主义文化大发展大繁荣置于战略规划的重要地位,一再强调在文化建设中要重视民族传统文化的继承和创新。

在这种形势下,天台县举行天台山文化当代价值的研讨会是很有意义的,相信对今后天台学的研究将发生很大推动作用。

(本文选自《天台山文化当代价值研究论文集》。作者系世界宗教研究所研究员、博士生导师)

尚和合的时代价值

张立文

和合是中华民族人文精神核心理念和首要价值之一,是中华传统文化思想的精粹和生命智慧,是中华民族精神的精华和道德精髓,也是中华心与体、根与魂的表征,是中华民族一以贯之的文化理念、思想实践、理想追求的目标。在现代意义上的所谓和合,是指自然、社会、人际、心灵、文明中诸多形相、无形相的互相冲突、融合,与在冲突融合的动态变易过程中诸多形相、无形相和合为新结构方式、新事物、新生命的总和。尚和合作为中华优秀传统文化,以其悠久、博大、精深的内涵,具有持久的民族凝聚力、向心力、亲和力,唤起民族的认同感、归属感、安顿感,是中华民族建设精神家园的需求,是滋养24字核心价值的重要源泉活水。

和合的世界观。天地万物从哪里来的?这是哲学思想的出发点。西方认为是由唯一的、全知全能的上帝创造的,无论是水、火、原子,还是理念、绝对精神,

国清寺丰干、寒山、拾得像

都与上帝一样,是"一"派生万物。中华和合思想主张"和实生物"。和如何生物?《国语·郑语》说:"先王以土与金木水火杂,以成百物。"杂是合的意思,多元的五行互相差异、冲突融合、相克相生,而和合成万物。《周易·系辞》说:"天地氤氲,万物化醇,男女构精,万物化生。"王充接着说:"天地合气,万物自生,犹夫妇合起,子自生焉。"天地、男女是阴阳两极,是多元、多样矛盾冲突,通过氤氲、构精的融合形式,和合化生万物(包括人类)。《国语》认为"同则不继","以同裨同,尽乃弃矣"。"同"就是单一性、一元性,排斥差异性、多元性,便不能化生万物,一事无成。犹《周易·革卦》说:"二女同居,其志不相得也。"不能生育新生儿,上帝是"一","一"就是同,"同则不继"。"一"便认为自我是"真上帝",他者是异端。在当代就搞单极、一元的霸权主义,而排斥他者;多元、多样就搞和合,包容他者,不搞对抗、冲突,而倡导和平、合作、互利、双赢。这样,"万物并育而不相害",世界各国、各民族共同发展、繁荣,即"万物丰长而物归之"。

从和合的世界观出发,而海纳百川,包容乃大,"形成和巩固中国多民族和合一体的大家庭","形成和维护中国团结统一的政治局面"而不分裂,一些居心叵测的人,总期望中国分裂,因为他们根本不懂中华民族的和合文化强大的魅力。

和合的价值观。人对物质世界和精神世界的价值判断、评价、取向和选择,构成一定的价值观。中华民族上下五千年,以"和为贵"作为自己所追求的价值目标和价值评价体系,以和合为体认、处理自然、社会、人际、家庭、国家、民族、宗教之间关系的指导思想,以及治国理政、民族振兴、经济发展、文艺繁荣、外交政策的根本原则。自古以来,人类的社会制度、政治体制、经济发展、文化水平、风俗习惯、文字语言、宗教信仰、价值观念各不相同,或者说是"道"不同,中华文化并非以道不同不相为谋,而是"道并行而不相悖"。道不同可以并行、共行、共同发展,而不相背离、相戕害,犹如太平洋、五大洲有广袤的天地空间,可以道并行地和合发展,并不相悖。这就是孔子所说"君子和而不同"的精神,不同也可以和平、合作地相处,不同不可以导致对抗、动乱、战争,若如此便是"小人同而不和"。即使在中国春秋战国时期,诸侯争霸,百家争鸣,但和合仍是"天下同归而殊途、一致而百虑"的同归、一致为价值追求的目标。《国语》给和下了一个定义:"以他平他谓之和"。他与他之间是平等、平衡、公平的。既要承认他者的存在,又要尊重他者,没有尊卑、轻重、地位、价值、作用的不平等、不公平。譬如金木水火土都以平等的身份参与融通而和合万物的过程。尊重他者就是不以势压人,而以理服人;不以力凌人,而以情感人;以不谎言欺人,而以诚信待人。以和化解分歧、误解、冲突、对抗、战争。在彼此文化、他与他者文化思想之间,正如习近平同志所说:"只有姹紫嫣红之别,而无高低优劣之分。"要和衷共济、互相包容。要排除唯我独尊、二元对立的冷战思维,抛弃你死我活的价值观,涤荡势不两立的宗教信仰,各个国家、民族、种族、宗教、文明等在平等、公平的原则下自由选择自己社会制度、发展道路,并都应得到承认和尊重,在机遇平等、公平原则下共同参与为化解人类所面临的五大冲突与危机,建设天地人共和乐的和合理想世界而努力。

和合的人生观。人生观是指人观照自我的生命价值,人为实现自我价值所构成的与自然、社会、人际的信息、能量、物质的关系。人生是生命、命运、生活三个维度的和合。人生以什么样的形式存在是生命,人生以什么样的状态存在是命运,人生的内容和先决条件是生活。简言之,人为什么活着,活着为什么。现代人有各种活法,有为权、色、钱,有为国家、民族、人民繁荣富强,有为世界的和平、发展、合作。人的生命与死相随、相伴,"人生苦短,譬如朝露",人的生命是宝贵的,"天地之性,人为贵"。之所以可贵是因为人的生命是唯一的、一次性的、消费性的,还因为人"禀阴阳之和,抱五行之秀",是禀阴阳的"和气"和五行的秀气。人的可贵首先要认识人的价值,如肉体的、道德的、事业的、政治的、文化的、学术的、科技的、信息的价值。《左传》记载,叔孙豹说:"太上有立德,其次有立功,其次有立言。虽久不废,此之谓不朽。"立德为道德楷模,如雷锋;立功为在各个战线做出特殊功勋的功臣;立言为建构创新性的理论、学说,而推动社会进步、发展的学者、科学家。如孔子的《论语》、老子的《道德经》等等,他们虽死犹存,永远活在人民的心里,他们的德、功、言流芳百世,永垂不朽。这样,人活着才有价值和意义,若专为钱、色、权而活,就可能迈向遗臭万年。

和合的道德观。道德观是指协调、和谐、平衡人与自然、社会、人际、心灵、文明间关系原则的总和。道德的宗旨和价值目标是和合。天地和合则美,万物和合则生,人身和合则康,人人和合则善,心灵和合则静,家庭和合则兴,社会和合则安,国家和合则强,民族和合则亲,世界和合则宁,文明和合则谐。如此必须培育、提升人的道德情操。自古以来中华民族就很注重道德修养,在传统文化中就蕴含着丰富的道德资源的精髓。孟子讲"人皆有不忍人之心","恻隐之心,仁之端也;羞恶之心,义之端也;辞让之心,礼之端也;是非之心,智之端也。"他把四端之心比为四体,是人人所必须遵守的基本道德,犹如人的四肢,不可缺少,否则就不是人了。仁义礼智四德加信,便称谓为五常,即五德的和合。仁德,孔孟将其规定为"爱人",董仲舒讲:"仁者,可以爱人类",韩愈讲:"博爱之谓仁"。已超越了亲缘关系的"泛爱众"的人类之爱,体现为老吾老以及人之老,幼吾幼以及人之幼;义德是指与羞恶有关的扬善去恶,改过从善,坚持道义,以至"舍生取义"的德行;礼德是讲辞让、中节、礼节、礼仪。自古以来中华民族为"礼仪之邦",是礼乐文明之邦,一切不文明的行为活动,都是违反礼的道德的;智德是分辨、明辨复杂事物、行为是非的道德,唯有分辨是非,才能公平、公正地对待、处理、判断事情的是非曲直;信德讲诚信,在孔子与子贡关于如何治国理政的对话中,孔子在食、兵、信三者间,如果要去掉,可去掉粮食和军备,信不可取,"民无信不立",国家就站不起来了。仁义礼智信既是每个人应遵守的道德,也是影响中华民族几千年的基本道德基因。

和合的审美观。是指以审美情感为中心,以审美活动的关系为纽带,以艺术和合的范畴为框架,构成和合审美体系。它包含审美生存情感世界的"心境"为审美生态学,"心理"为审美心理学;审美意义情感世界的"心性"为审美人格学,"心命"为审美教育学;审美可能情感世界的"心道"为审美哲学,"心和"为审美境界学。一般而言,人们在常饱、常安的情况下,进入求美、求丽、求乐的审美精神境界。审美活动是由审美主体、客体、审美主客的联系及实现这种联系的审美心理活动的融突和合。陈子昂《登幽州台歌》:"前不见古人,后不见来者,念天地之悠悠,独怆然而涕下。"这是他在斯时、斯地、斯情的审美活动关系中的心境,即"神与物游"的神的呈现,即进入审美活动关系的审美主体精神。其中审美客体,神与物游的"物",如郑板桥画竹,不仅写神,而且写"物"的动态生命。瘦劲孤高,是神;豪迈凌云,是生;依石而不囿于石,是节;落于色相而不滞于梗概,是品,有似乎君子而不为俗屈。这竹是自然之物,又不是自然之物,是竹本身,又不是竹本身。与其说是竹的品德操守,不如说是人的生命人格。人在客体对象身上发现了自己的情感、忧思、愤慨、品格,其实是审美主体投入客体物的过程,这便是"神与物游"。但面对不同人的心情、素质、观念、想象、体验,便有不同的审美感受和审美体验。王安石和郑清之同居高位,他们在咏杭州高塔诗中所流露的审美感受、意象却迥异。王安石在《登飞来峰》中写道:"飞来山上千寻塔,闻说鸡鸣见日升。不畏浮云遮望眼,只缘身在最高层。"郑清之《咏六和塔》:"今日始知高险处,不如归卧旧林丘。"王安石以其"三不畏"的精神,决心变法,自信以其身居高层的权力,排除险阻,推行新政。郑清之却感受到身居高位的可畏,官场的险恶,不如归隐山林。这种审美心灵精神的感受、体验、融注、贯通审美关系的全过程。提升审美主体的知、情、意,创新审美生存情感世界的真,审美意义情感世界的善和审美可能世界的美。真善美三维情感世界的和合,便能建构真实、完善、优美的现代审美观。

和合的国际观。是指协调国际间各国、各民族、各宗教、各地区、各联盟间的矛盾、冲突、对抗,以构建和谐世界。《中庸》说:"中也者,天下之大本也;和也者,天下之达道也。"中和是天下的大本、达道。"和"是交通、沟通天下的最大、最普适的大道理。中华民族素来以"协和万邦"作为处理国际关系的原则;以"己所不欲,勿施于人"作为指导自身行为的原则和化解国与国、民族与民族、宗教与宗教、文明与文明间冲突对抗的原则;以"己欲立而立人,己欲达而达人"的原则帮助不发达、落后地区和国家,以求共立共达;以"和而不同"的原则与世界各国、各民族、各地区、各联盟和平共处;以"以他平他谓之和"的原则与各国、各民族、各宗教、各党派平等地、相互尊重地相处;以"讲信修睦""以邻为伴,以邻为善"的原则与人际、社会、国际间友善共处;以和平、发展、合作、共赢的精神,建设和谐世界。中华和合文化主张国家无论大小、强弱、贫富,都有平等参与国际各种事务的权利和自由选择适合于其国发展道路的权利;主张在政治上互相尊重其政体、国体的选择及其主权的完整和国格;主张各国、各民族平等协商、互利共赢,合作互补,推动经济全球化朝着均衡、普惠目标发展;提倡在国际政治、经济、文化、宗教关系中,恪守公认的国际法及国际关系准则,主张国际外交交往中坚持博爱精神和人道主义原则,超越一切民族、种族、贫富、宗教及意识形态、价值观的差异;主张以"仁民爱物"的方式去处理国际争端,尊重人权,不损害其他国家的尊严和民族、种族、宗教的利益;倡导各国、各民族、各种族、各宗教互相借鉴、互相信任,协商合作,求同存异,以维护世界和平、发展、合作。

尚和合的"六观",随时代的演进,与时偕行,革故鼎新,为道屡迁,唯变所适。"其中最基本的内容已经成为中华民族最基本的文化基因",形成有别于其他民族的独特标志,成为其时代价值鲜活的表征。

(本文选自《天台山文化当代价值研究论文集》。作者系中国人民大学哲学系教授、博士生导师)

天台宗北宗的发现和研究

温玉成

河南省临汝县(今汝州市)东北的"风穴寺"有一座雄伟的唐代方塔,九重,高约25米,人称"七祖塔"。有学者谓"禅宗七祖"也。

1983年冬,我去实地考察。在寺院内"中佛殿",见到古碑一通,即《风穴七祖千峰白云禅院记》,立于五代后汉乾祐三年(公元950年)。碑文指出:开元年间,有贞禅师,袭衡阳三昧。寂灭后,有崔相国、李使君及门人立塔,唐"玄宗谥为七祖塔"。"贞禅师,袭衡阳三昧",显然不是禅宗而是天台宗祖师。

那么,贞禅师又是何人呢?我们在王昶《金石萃编》卷八三中检索到《大唐开元寺故禅师贞和尚塔铭》。此人法名可贞(642—725),在洛阳白马寺"受衡阳止观门",从而可以确认:唐玄宗赐谥的天台宗七祖就是可贞。可惜,《塔铭》没有说

风穴寺

到可贞在白马寺师从何人,只知道可贞的弟子叫宗本。《塔铭》中指明:前刺史、故丞相、齐公崔日用,吏部尚书李嵩等等"皆顶奉山宇"。"崔相国"即前刺史、故丞相、齐公崔日用,《旧唐书》卷九九有传记。"李使君"即吏部尚书李嵩,《旧唐书》卷一一二有传记。他因金城公主在吐蕃,出使过吐蕃。看来,可贞禅师是得到一批高官的支持。

同样,禅宗七祖神会(684—758),也是得到兵部侍郎宋鼎、嗣虢王李巨等等一批高官的支持(《记新出土的菏泽大师神会塔铭》,载《世界宗教研究》,1984年2期)。

根据天台宗的传承:天台智𫖮(四祖,538—598)—章安灌顶(五祖,561—632)—六祖缙云智威—七祖东阳慧威—八祖左溪玄朗。

但是,这个"传承表",唐代就有人质疑(如梁肃)。我的研究,灌顶应晋王杨广之邀请,于公元602年北上京都。长期在北方传法,611年还到涿州。所以,推测灌顶有弟子在洛阳(东都)白马寺,这个弟子就应该是可贞的老师。因此,我写了论文《读"风穴七祖千峰白云禅院记"碑后》(刊于河南省《中原文物》,1984年1期)及《读碑杂录》(刊于中国佛教协会《法音》杂志,1984年3期)。

指出天台宗北传的法脉是:章安灌顶(五祖)—白马寺某某—风穴寺可贞(七祖)—宗本?

后来,我在少林寺作考古调查时,又发现了一座方形砖塔,背面嵌石板,铭曰"唐嵩山少林寺故寺主法华钧大德塔铭并序",立于后唐同光四年(公元926年)。说少林寺法华行均大德(848—925),在会善寺从法素禅师学《法华经》。又卜居天台石城山,诵经60部。显然是一位天台宗高僧。公元880年起,他住持少林寺45年。他的弟子宏泰、徒孙钦缘,也相继做了少林寺住持。直到少林寺第三次被毁(954—959)。宋初百年,少林寺无资料可寻(我认为可能被人为破坏)。这样,可以排列出《天台宗北宗谱系》(主要在洛阳嵩山):

指出天台宗北传的法脉是:章安灌顶(五祖)—白马寺某某—风穴寺可贞(七祖)—宗本?……会善寺法素—少林寺行均—少林寺宏泰—少林寺钦缘……。

这只是一个初步的总结,天台宗北宗问题,有待学者们进一步研究。

众所周知,少林寺是禅宗"祖庭"。但是,从五代到北宋前期(1056年)120多年,却是传播天台宗的地方。大大出乎人们的意料。我把这些史实,写进了专著《少林访古》(天津百花文艺出版社1999年11月版)。

关于"天台智顗",我在广西桂林考古调查时,在龙隐岩发现了石刻"义缘造像铭"(1055年)。内容是:义缘和尚造了三尊像,中间的是"天台教义智者大师",两侧的是"擎天得胜关将军"和"坛越关三郎"。造像早已毁去。

原来,这背后有一段"关公显圣"的故事。关公第一次"显圣"是在短命王朝——"后梁"王(555—587)萧詧时;第二次"显圣"是在智者大师计划修建荆州玉泉寺时(公元592年);第三次"显圣"是在清朝乾隆时期1736年,章嘉活佛若必多吉在荆州梦见关公,答应治好他的病。由于章嘉活佛的提倡,西藏称关公为"珍让嘉布",也走进了西藏各地的"关帝庙"(西藏称"格萨拉康",前面供奉关帝,后面供奉灵·格萨尔大王)。

宋代以来,关公为智者大师护法的故事广泛流传。无尽居士张商英的《重建关将军庙记》(1081年),写得生动有趣,影响巨大。从此,关羽(161—219)也走进佛殿,成了护法神(《"关公显圣"与佛教造像》载《段文杰敦煌研究五十年纪念文集》,世界图书出版公司1996年8月版)。"关公"在清代成了"关帝"。

(本文选自《天台山文化当代价值研究论文集》。作者系河南龙门石窟研究院研究员)

天台宗圆融思想的现代意义

杨维中

作为严格意义上的宗教哲学,天台思想是紧紧围绕着止观学说而展开的。因此,作为论证世界万象与主体之心念互具不离的"一念三千"之说,是天台智顗大师晚年方才提出并给予较完整地论证的。而作为其立论基础的"三谛圆融"思想则系智顗吸收、继承其祖师慧文、慧思之"一心三观"而提炼出来的。"性具实相"也是从"一心三观"的观法形态之下成立的。因此,"一心三观""三谛圆融"乃天台哲学成立其"一念三千"的本体论模式的方法论原则。这一原则完全可以作为当代社会建立和谐社会的重要理论支撑。

一

尽管印度大乘佛学与小乘相比,表现出较为明显的"人本化"倾向,但其以出世为终极归宿的价值取向是不会改变的。这是与占主流的儒家文化传统截然不同的。果然,佛教一经传入中土,就受到"入世"精神极强的儒家和新兴道教的攻击。经过魏晋南北朝数百年的争论、妥协和融合,隋唐时期以天台、华严和禅宗理论的成熟为标志,中国佛教在入世与出世关系问题上有了不同于印度佛教的变化。

解脱不离世间的观念成为天台、华严、禅宗等中国化佛教的共同理念。如果将佛教与世界上的其他宗教相比较,它对于"智慧解脱"的重视,即便不是绝无仅有的,也应该说是无与伦比的。从原始佛教到中观学、唯识学,印度佛学无不将"人生"问题当作立论的出发点。佛教传入中土,首先面对的就是"人学"倾向浓厚的儒家思想的挑战,而应对这一挑战的最好策略就是去发展原本就存在于印度大乘佛学之中的"人本化"特征。这是中国佛教发展的必由之路。正是这一原因,隋唐佛教中国化诸宗才会将佛教的"人本化"倾向加以突出和发展,使其具有比印度佛学更为明确的对现实人生的关怀和对现世生活的肯定。正是因为这一重要特征,佛教在对治现代化之弊端、疗治现代人心理和思想中的种种疾病等方面所显示出来的独特效应,越来越受世人注目。总之,主张既出世,又入世,提倡不违现实生活而行现实佛事,强调随顺世间、利乐有情,把"利他""济世"作为学佛的根本,这是中国佛教的一大特色。将这一特色发挥极致的是天台哲学。

天台哲学,从一定意义上说,是建立在实相说的基础之上的。"一念心"的核心是实相,"一念三千"的核心仍是实相,总之一句话,世间万物、万法,虽然异彩纷呈、千差万别,但无非是实相的体现。正因为如此,如何看待实相并进而证悟实相,便是心灵解脱的关键所在。天台哲学告诉人们,只要从空、假、中三个角度观察诸法实相就可以达到这一目标,而这三个角度就是三谛。天台宗提出空、假、中三谛,并非说存在着三重真理,其真正的意旨是:真理即实相只有一个,只有同时认识到事物即空即假即中,才能完整地认识实相。这就是智顗所说的:"三谛具足,只在一心。分别相貌,如次第说;若论道理,只在一心,即空即假即中。"①三谛三观俱可于众生的"一念心"之中瞬间实现,此即所谓"不可思议"的"三谛圆融"观。"三谛圆融"与"一心三智""一心三观"合观方可得其真义。这里,可分为两个层次进行阐释:一是何为三观、三智?二是为何一心而三观、一谛而三谛?

"三观"一语出自《菩萨璎珞本业经》中的"圣贤学观品","三智"之语出自《大般若经》,"三谛"之语出自龙树《中论》。三个概念都与空、假、中相联系,最终都归结到《中论》的"三是偈"上。智顗云:"今对境明观,亦为二意:一、次第三观;二、一心三观。次第者,如《璎珞》云:从假入空名二谛观,从空入假名平等观,二观为方便得入中道第一义谛。此之三观,则是《大品》所明三智:一、一切智,知一切内法内名,一切能知能解,一切外法外名,能知能解,但不能用,以一切道起一切种,故名一切智;二、道种智,能知一切道种差别,则分别假名无谬,故名道种智;三、一切种智,能于一种智知一切道,知一切种,一切寂灭相,种种行类,能知能解,名一切适中智。通而为论观,智是其异名;别而往目,因时名观,果时名智。"②引文嫌长,但智顗在此明确了三个概念,因而全录以析。所谓"一切智",亦即从事物之总相着眼,知一切法均是因缘而起,都无自性即性空;依《大智度论》卷二七,一切智是声闻缘觉之智,知一切之总相即空相也。所谓"道种智",亦即从具体事物出发,看到事物的各种相状并且认识到这些相状都是不真实的,都是

历缘对境修止观

假相、幻相。根据《大智度论》，此属菩萨之智，知一切差别之道法也。所谓"一切种智"，亦即既看到事物之别相，又认识到事物之总相，知一切法均是空无自性的假相。《大智度论》说，一切种智是佛智，佛智圆明通达总相与别相。《大智度论》还认为，此三智的具备有先后次序，即由"道种智"生"一切智"，再由"一切智"生"一切种智"，最后由"一切种智"彻底消灭烦恼心思的一切残余势力。开始虽是点点滴滴的积累，但最后达到圆满时也可以"一时"得到而同时兼有"三智"；此即所谓"三智一心中得"也。智顗又将"三观"从判教角度而分为两类，即"次第三观"和"一心三观"。前者为从假入空观，从空入假观和中道第一义观；后者则不分次第而一念顿得，即一空一切空，不假、不中谓之空；一假一切假，不空、不中谓之假；一中一切中，不空、不假谓之中。"次第三观"为"别教"三观，"一心三观"为"圆教"即天台自家独具之观法。综合而言，三智、三观、三谛这三个概念分别表示认识主体、认识活动和认识对象③，即"所照为三谛，所发为三观，观成为三智"④。智顗认为，从认识和认识方法上说，三智应于一心中得，三观应于一心中发，三谛应于一心中照，三者无次第可言。那么，此中之"圆融"何以可能实现呢？此中微妙有二：一是"异种"相即的逻辑；二是"一念心"的直觉功能。前者偏于"客观"方面而论，后者偏于主体而言。

"异种"相即用宋代知礼的说话即为"角立"。知礼指责"别教""只知类种，全不识敌对种也。"⑤其实，这一逻辑并不是知礼故意标新立异，实际已蕴含在天台诸师的思维方式中。知礼总结了智顗、湛然关于此问题的论述，区别了三种"相即"理论：第一是二物相合"即"，这在《摩诃止观》卷一中已有论述，属"通教"之说，以体别而相依不离为旨归；第二是背面相翻"即"，属别教之说，体虽是一旦相别而互依；第三则为自称"圆家"的天台之"即"。知礼曰："应知今家明'即'，永异诸师，以非二物相合及背面相翻，直须当体全是方名即。"⑥这种"即"也就是"全理成事，定分内外，自此角立也。"⑦知礼之"角立"概念有三个特点：其一，对于"角立"的双方各有肯定自身的方面，但也包含着否定自身的方面；其二，每一成分都包含"角立"的两方面,如色、心各自可分为内色、外色、内境、外境;其三,"角立"双方既相互独立又互具互收,每一方都收尽一切于自体而当体全是。⑧这最后一个特点也即是异体圆融所达的极致。尽管智𫗱以及湛然都未能如知礼这样将天台哲学的方法论原则表述得如此清晰,但他们用"三谛"所推演出的逻辑规则,与此义是相同的。因此,二者方可互释。

天台"相即"逻辑的典型形态自然是"三谛圆融"说。天台哲学刻意强调的所谓"不可思议之一心三观"之"三谛",是指把空、假、中三概念整体地、直观地于"一念心"之当下所构成的认识。在此认识瞬间,不把此三个概念分别地、孤立地使用,而是保持相互联系的整体结构来认识、把握。在"次第三观"中,空、假、中等三个阶段都有三谛,但如果对此作瞬间的、直觉地把握,则三谛的各谛中,都同时包含了另外二谛。⑨这就是智𫗱所说的"一空一切空,无假、中而不空,总空观也;一假一切假,无空、中而不假,总假观也;一中一切中,无空、假而不中,总中观也。"⑩此即是"一心三观"。依这种观法修习"只约无明一念心,此心具三谛。体达一观,此观具三观",⑪因此"三谛具足,只在一心"。⑫相即逻辑与主体的直觉能力合二为一,"一心三观"与"三谛圆融"便可以在修行解脱中得以成立。

正是使用了有别于其他宗派的"一心三观"及"三谛圆融"的思维方法,"性具实相"说便得以成为天台思想家构筑其心性论的法宝。台家之所以热衷于从事这样一种玄思,目的就是为众生提供一个既可以佛教的"实相观"来认识万法,从而可以引导他们最终修正成佛,又可以使其"实相观"与世间的一般知识和人类的经验不相矛盾。从"实相"和真谛言,万法万物皆空;从俗谛言,万法万物皆假;从中道言,万法万物皆"中";而从圆融角度观之,万法万物即空即假即中。这才是台家建构其本体论的宗趣所在。

二

当今世界科学技术飞速发展,人类已经进入了一个充斥着"现代化"这个字眼的时代。"现代化"(Modernization)观念开始于西方,一般皆指从18世纪后半期英国工业革命以来,所发生在科学、技术、社会、政治、经济、宗教、思想、文化等各方面所引起的广泛影响及变化过程;或者说,"现代化"是以科学技术为主导而引发国家社会的一连串变革,迅速扩展的结果,使得社会的各项资源,如人力资源、人口结构、教育内容、生活方式等重新的调配组合。但现代化到底是什么?其究竟如何定义?其本质上为何物?人们还没有一个确定的答案,是现今横梗在我们面前的比如电子计算机、网络、生化产品等高科技事物吗?在我看来好像有点现代化的意思,但这些只是表象,并不代表其实质。

在人们为科学技术取得一个个突破性进展和胜利,使人类进入现代化时代而欢呼雀跃的同时,有些问题同样在人们面前变得清晰起来,那就是人类遭遇着人文价值的不断失落,且其后果越来越明显,同时我们的生态环境也遭到前所未有的人为破坏。人们已经或正在从科学技术中获得利益,从大自然的身上竭尽所能的摄取资源,但却离自己的家园越来越远。人们一方面享受着高科技带来的舒适生活,另一方面却变本加厉地破坏着人类赖以生存的自然环境。世界上每天发生的事情是如此触目惊心。每天都有动植物从地球上消失,每天都有土地变成沙漠,森林面积一天天的减少,空气不再清新,里面的有毒物质越来越多,城市里已经看不到蓝天与阳光,生命中最需要的东西——水,已经被严重污染,我们的食物里充满了化学药物,各种各样奇怪的疾病不断出现,竟然有人用最新科学技术——克隆的办法解决人类的健康问题……这些在一些人眼里却不以为然,但它们确确实实发生在我们的身边,而且正无声无息地日益加剧。以至于一些有良心、关心人类命运的学者、科学家不断地发出警告。人类正在慢慢地破坏自己的家园,远离自己的家园。

在现代化的背景下,生态伦理越来越受重视。

面对这样的局面,人们开始反思,于是就有生态伦理学的发展。西方生态伦理学研究的主要问题是:第一,人与自然的关系地位如何?人是自然万物的主宰,或是人是自然界中的一员,与其他生物平等?第二,"自然"有没有其"内在价值"?第三,人的主体性问题,对人的主体性是如何认识的?

在近现代以来的文化中,乃至于当今时代里,居于主导支配地位的"人类中心论"对此问题有如下回答:在人与自然的关系问题上,始终坚信人是中心、是主宰,自然界只是被用来人类服务的对象。人类对于自然界,自然而然地有控制、利用、索取和改造的权利,却没有任何责任和义务。只有人才是价值主体,也就是价值裁判者,自然界是没有价值的,其价值就是以人的需要为前提的。但是,人的需要在人文价值缺席或被斥退之后,就只能由生理欲望所决定,即人的价值由私欲的满足与否来裁定。人利用自身理性认知能力认知自然、改造自然,从而满足人的利益,便是人的主体性的体现。

然而人的生理欲望或物质欲望又是无止境的,这样就出现了恶性循环:人的"价值"要体现,"需要"就越要增长,对自然界的掠夺就越要加倍,人的生存危机就越是加剧。特别是当今世界进入了信息化时代与全球经济一体化,更是为人们对自然界的资源掠夺打开了方便大门。因此人类中心主义是现今生态危机的重要根源之一。

对人类中心主义的总结和反思,有"自然中心主义"者强调"万物平等""生态中心主义的平等""生物圈平等",反对仅仅把自然物、非人类的生命体看作"工具"或"资源"的狭隘认识,肯定"所有的自然物具有内在价值",都有生存与发展的平等权利,它们在生态系统中具有平等的地位。自然中心主义不只讲求物质环境的改善,更讲求精神层面的内省。但是作为一个刚刚兴起的生态伦理学派,其或多或少的显得有些经验不足,理论体系不完善和缺乏深度,因此在发展其自身的过程中,自然中心主义呈现着一个受东方思想熏陶的历史过程,而发掘并引入东方文明的精神资源。

对于上述三个问题,佛教教义都有非常一贯和明确的回答:在人与自然的关系问题上,佛教主张人与自然的平等、和谐。在人与人的关系上,主张人与人的平等和个体自身的心灵和谐。如此等等,都与西方流行的人类中心主义正好相反。而这也是学界常说的可以以佛教的教义和修为来对峙西方现代化模式所带给人类的种种弊端。可以说,如此种种理论,在佛教教义中俯拾即是。而天台宗的"十界互具"等理念在论述佛教在解释人与自然的关系问题上,有着善巧和殊胜之处。

三

"十界互具"和"一念十界"都是天台宗"一念三千"的本体论原理的基础性命题。"十界"即"十法界",出自《华严经·十地品》。法界,意为诸法的分界,这是大略而言的,究其底蕴则诸宗所用含义不一。如唯识宗就以法界作为理体抽义异名,如吕澂先生所释,法界有三方面的涵义:其一,佛以法界为体性,法界即涅槃界;其二,法界遍于有情心相续中,为有情所同具,即所谓一切有情皆有佛性;其三,法界为共相所,法界本身非共相而为共相之所显也。吕澂先生合此三义将其定义为:"法界者即无差别遍一切有情心而为共相之所显者也。"[13]在此,吕澂先生将法界作为真如佛性及其客观真理的代名词。此释只适用法相唯识宗,与华严宗及天台宗所用不完全相同。华严宗侧重于从本体意义上使用"法界"范畴,天台哲学中的"法界"则与华严哲学相反,侧重于从现象的层面使用此范畴。这就是说,天台宗是就最基本的意义上即诸法的分限及自体的层面上定义"法界"的,"十法界"就是天台宗依照迷(无明)、悟(法性)两种性质的盛衰消长的存在状况,将佛教所言的"整个世界"——世间和出世间,分作层层递升与下降的一个序列:地狱、饿鬼、畜生、阿修罗、人、天、声闻、缘觉、菩萨、佛。其中,前六界全称"六凡",属六道轮回的循环圈;后四界合称"四圣",是觉悟层级的果位位格。佛教的传统解释将十界之自体疑固化,认为其性质各异,不容混淆,特别是对佛界与众生界的界限划分得尤其清晰。智𫖮等天台宗诸师一反这种古板的解释,以性具实相说为基础,在"一念心"之本体论框架内论述了十界的互具原理,从理论上打

十界互具

通了佛界与众生界的截然悬隔,使佛与众生混融于一体,实际上直接启发了禅宗的"即心即佛"思想之出现。

"十界互具"意为十种法界互相包含、互相渗透、互相转化,如地狱界蕴含和具备佛界等其他九界,而佛界也蕴含和具备地狱界等其他九界。智𫖮将这称为天台宗圆教之"妙"。智𫖮说:"一法界具九法界,名体广;九法界即佛法界,名位高;十法界即空即假即中,名用长。即一而论三,即三而论一,非各异,亦非横亦非一,故称妙也。"[14]无论从体、位、用诸方面分别观之,还是就一而论三,就三而论一,十界都是互具的,体、位、用三者又是互即而非一非异的关系。这就是天台宗赖以成立性恶法门的"十界互具"原理。

智𫖮虽言"十界互具",但并不忽略各界间的差别。相反,他充分注意到了诸界的不同性质。在《法华玄义》中,智𫖮说:"谓六道、四圣皆称法界者,其意有三:一、十数皆依法界,法界外更无复法,能、所合称,故言十法界也。二、此十种法分齐不同,因果隔别,凡圣有异,故加之以界也。三、此十皆即法界,摄一切法,一切法趣地狱,是趣不过当体即理,更无所依,故名法界,乃至佛法界亦复如是。"⑮《摩诃止观》有云:"十法界者有三义:十数是能依,法界是所依,能、所合称,故言十法界;又此十法各各因、各各果,不相混滥,故言十法界;又此十法,当体是法界,故言十法界。"⑯这两段引文其意略同。智顗之所以标立"十法界"的名目有种种考虑:其一,以此概括世间、出世间一切诸法,故说"法界外更无复法";其二,十种法界因、果各别,各有其质的规定性,不能混淆;其三,十法界虽异,然无不包含实相、理体,故一法界可摄一切法尽,这是就十法界之人相而言的。另外,就"十界"性质而言,智顗又补充说:"十法界通称阴、入、界,其实不同。三途是漏恶阴、入、界,三善是有漏善阴、入、界,二乘是无漏阴、入、界,菩萨是亦漏亦无漏阴、入、界,佛是非有漏非无漏阴、入、界。"⑰所谓"阴、入、界","谓五阴、十二入、十八界也……如是种种,源从心出。"⑱用现代术语说,"十界"就是一切物质现象和精神现象的总和,相当于天台宗的"三千诸法"。从各界的规定而言,"十法界"尽管统称为"阴、入、界",从善法、恶法的相对趋势而论,三途即地狱、饿鬼、畜生,是有漏恶;三善即阿修罗、人、天,是有漏善;二乘即声闻、缘觉,是无漏;菩萨是亦漏亦无漏;佛则是非有漏非无漏。

　　智顗阐明十法界的各自规定并非其目的所在,他欲在其个别的"别相"中抽象出其中的"共相"以便论证其"十界互具"的圆教说。前述十法界三义的第三义项已经暗含了智顗的理论意思。总括智顗之论,不出三种理据:一是性具实相之"十如";二是"一念心"之"一念十界";三是以权显实的教判说。

　　智顗说过:"实相之境,非佛、天、人所作,本自有之,非适今也,故最居初。迷理故起惑,解理故生智。"⑲在他看来,实相是亘古长存的理境,本自有之,因为它是一切法的理体,众生与佛的差别只在于迷悟不同。十界同含一实相,理体本一无异,因此,诸佛与众生虽属不同法界,形似相隔,但无妨它们在实相原理下的统一圆融。在天台哲学中,"十如是"是区别一切法的别相,"十法界"则是区别世间、出世间的别相。如果以"十如是"解释十法界,十法界中每一类有情、无情都必须地具有性、相、体、用等十种因素;十如是的任一性能也无不贯穿于十法界中。如此一类,十界中的每一界都有"十如",都是实相、理体的体现。这样,从空、假、中三谛分别去认识,便会有三种结果,即"若十数依界者,能依从所依,即入空界也。十界界隔者,即假界也。十数皆法界者,即中界也。"不过,以三种方法隔别地去认识十法界,只是"欲令易知,如此分别。得意为言,空即假中,无一二三。"也就是说,对十法界的正确的认识只有从三谛圆融的方法去观察方可得到,这就是天台宗所谓"一念十界"之"游心法界"的观法。

所谓"一念十界"指"一念心"具足十法界。智𫖮以为,上至佛界、下至地狱界,凡此十界均系一心所作,其理体平等、无有差别。因此,《摩诃止观》云:

> 云何具十法界耶?答:不可思议,无相而相,观、智宛然。他解须弥容芥,芥容须弥,火出莲花,人能渡海,就希有事,解不思议。今解无心无念,无能行,无能到,不思议理,理则胜事。[20]

须弥纳芥子,芥子纳须弥,因为其都是实相的体现因而无有差别可言。一法界具十法界,"一念心"具足十法界,同样是这一道理。从实质而论,既无心,也无念,更无十界之别。因此,一念具十法界乃是"法性自尔,非所作成;如一微尘,具十方分"[21],实相无相,也无方分。

天台宗之所以立"一念十界",一方面是为了论证己宗对"生佛互具"新理据——"十界互具",另一方面则是为了阐明其不思议非次第的止观法门。前者是从理论上分析生佛之互具,后者是从修行实践上圆证生佛无别的解脱境界。从前者说,心与宇宙实相融通无碍,心之一念既可具一界,也可具十界乃至百界、千界,何况众生界与佛界之互具呢?因此,智𫖮说:"游心法界者,观根尘相对,一念心起于十界中,必属一界。若属一界,即具百界千法,于一念中悉皆备足。"[22]心量广大,能包容一切,这本身就是不可思议的。一念十界,说明十界并无实质性的层次高下之别,亦无前后次第之别。一念即地狱,一念即佛;佛即地狱,地狱即佛。这既是众生与佛的融通,也是为将解脱法门系于"圆教"观心而作的抽象论证,其核心在于提升众生成佛的信心、增大其希望。《观音玄义》有云:

> 十法界性相,一切善恶,悉皆虚空。十法界假名,假名皆空;十法界色、受、想、行、识,行、识皆空;十法界处、所,处、所皆空。无我、无我所,皆不可得。如幻如化,无有真实。常寂灭相,终归于空。㉓

这是说,十法界都是假名,本质是空。所以为证得非假、非空之中道,就须既"不缘十法界性相",又"不缘十法界之真"。"既遮此两边,无住无著,名为中道;亦无中可缘,毕竟清净。"㉔这样的圆顿观心,便获得一念十界、任运双照的效果。而在通过观心修习,证得中道实相之后,又中"一念法界,系缘法界",此时的"法界"则已与中道实相同义。当此之时,"若历缘对境,举足下足,无非道场。其心念念与诸波罗蜜相应。修四三昧,观十种境,可发关宜,圣人赴对应之,豁然开悟。"㉕举足下足,无非道场的境界,应是在达到一念十界、一念百界千如的认识之后实现的。观心性证得实相,自觉到十法界即一法界,此后方能自由任运。

天台宗以为,"十界互具"是圆教所具备的真实教法,它高于其他各教之说。智𫖮及湛然、知礼诸天台宗师均认为,这是圆教十法界与别教十法界的重要区别。别教论十界权、实,属于可思议的,即以九界为妄法,佛界为真实,这是相待而非圆融的认识。圆教则认为,虽然通常说九界为权,佛界为实,但实际上十界各具权、实,而权实的本质不异,属同一本体,所以可说"十界真实"。这是绝待圆融的认识,属不可思议境界。湛然及宋代"山家"批评华严宗等别教为"缘理断九",正是为了标示已宗之"圆"。

天台宗言"生佛互具"是以性具善恶思想为根基的,因而提倡众生与佛、心三者同格互具,三者各自具足其他二者。也就是心具众生与佛、佛具心与众生、众生具心与佛。而荆溪湛然则以"色心不二"深化了生命一体化的生态观念。

"色心不二"命题并非湛然首创,在智𫖮著述中屡见不鲜,其《四念处》云:"无分别色即是法界四大所成,皆是无分别等,是色、心不二。"㉖尽管如此,此命题在智𫖮哲学中并未成为重要一环。湛然在注释智𫖮《法华玄义》时归纳的"十不二门"之第一门就是"色心不二门"。经过湛然的论证,此命题方才成为天台哲学的重要环节。

湛然这样论述"色心不二":

> 一者,色、心不二门。且十如境乃至无谛,皆可总别二意。总在一念,别分色、心。何者?初十如中,相唯在色,惟唯在心,体、力、作、缘义兼色、心,因、果唯心,报唯绝色;十二因缘苦、业两兼,惑唯在心;四谛则三兼色、心,灭唯在心;二谛、三谛皆俗具色,真中唯心。一实及无,准此可见。既知别已,摄别入总,一切诸法无非心性,一性无性三千宛然。当知心之色心即心名变,变名为造,造谓体、用,是则非色非心而色而心,唯色唯心良由于此。故知但识一念,遍见已他、生佛,他生、他佛尚与心同,况已心生、佛宁乖一念?故彼彼境法,差差而不差。㉗

从此段引文可以明确见出湛然论说"色心不二"的依据所在:第一层,一切诸法可从"总"和"别"两方面去看,就"总"而论,一切法唯在一念;从"别"而言,则可以有色、心之区分,此是分析而言之。第二层,所谓"别"并非离开"总"而独立存在,而是"摄别入总"之"别",因此,即便作为诸如"相""报"等唯属色之"别",它也只是作为"总"之体现,此即"一切诸法无非心性"之义;另一方面,所谓"总"亦非离开"别"而独存,此可谓"别"中有"总",即"一切无性三千宛然"之谓也。这又是就色、心统一而言之。第三层即湛然的结论,所谓"心之色心即心名变,变名为造,造谓体、用",实际上是指一切诸法、三千世间都是"心"变造的产物,"心"与诸法的关系就如"体"与"用"的关系,是相即而不相离,二而非二的。一切诸法都是"心体"的发用,从体与用相即不离的角度言之,"心"与"法"未曾相离,因而不存在"心"之外的"变造"问题。从这个角度言,一切诸法即"非色非心"又"而色而心",不但一切唯心,乃可言唯色、唯声、唯香、唯味、唯触。通观湛然的论证思路,其理论基础仍不出《大乘起信论》蕴含的"体用一如"思想:就其"随缘不变"言,一切诸法皆是真如,皆是一念;就其"不变随缘"言,此真如、一念又具体地表现为三千大千世界。㉓

"内外不二门"是专就"所观境"立论的,并且可以以此将"色心不二"贯彻到修行观法之中。湛然这样说:

> 凡所观境,不出内、外。外谓托彼依、正色心,即空、假、中,即空、假、中妙。故色、心体绝,唯一实性,无空、假、中。色心突然豁同真净,无复众生七方便异,不见国土净、秽差品,而帝网、依正终自炳然。所言内者,先了外色心一念无念,唯内体三千即空、假、中。是则外法全为心性,心性无外摄、无不周,十方诸佛法界有情,性体无殊,一切咸遍。谁云内外、色心、已他?此即用向色、心不二门成。㉔

在此段引文中,湛然所言的"内"是指众生的"一念心","外"则指"依、正色心"。所谓"依"即"依报"是指众生的心、身所依止的身外诸物,如国土世间、器世间等,"正报"则指有情众生的"自心"。湛然认为,修行者所观之境不外乎内境和外境两部分,而外境是以众生的"色心"为依托而起的。但是,无论是外境,还是外境所依托的"色心",从"三谛圆融"角度观之,都是即空即假即中,色心体绝,能、所双亡,唯一实性,无空、假、中。色心既然同归真净,因而就不再有世俗所谓世间众生的差别,也不再有世间净、秽国土的差别存在。——这是观"外境"之所得。所谓修行"内观",首先必须了达外法均是"一念心"所造,而此能造之"念"本无自性,由此"念"所造的外境怎能独存呢?外境既无,则唯有以即空即假即中的"三观"观此"一念心性"。依照湛然所说,修习内观的要义在于明了外法皆是心性所现,不存在心性所融摄不到之处。不论十方诸佛,还是有情众生,其体无殊,均为"一念心性"所赅摄,并无内外色心以及己他、生佛的差别。值得特别注意的是,在"唯一实性""色心宛然豁同真净""性体无殊"等等语句之中,"实性""真净""性体"均为"心性本体"的替代语,因而湛然的上述论证带有强烈的"因体起用"的色彩。这是与其对"色心不二门"的论述是一致的。

四

上文所论天台宗基本教义可以为生态伦理学提供哪些借鉴呢?

在人与自然的关系上,是"人"为自然赋予意义,而人类总是武断地以己之意来扭取或者忽略了自然的独立意义。在人们的生活领域,与人的社会生活之间发生关联的许许多多事物,当他不进入某个人的视域,不成为某个人生活的某些要素的时候,这些事物的真实相状究竟如何,其价值和意义又如何,对于这个人来说,是不重要的。已经有学者指出,自然界本身是没有意义的。退一步说,即便它是一种有"意义"的生存,其意义也是独立自主的,是指向自然界自身的。是有所谓"文化"的人类以自己的"意识"(在唯识学就是第八识)赋予乃至强加众多的"意义"给予自然界,而其基本动机却是"唯我"的,赤裸裸的人类中心主义的。这样的结果即理念、理论,起先是为了人类自身的再生产及其生存,再后来就是为了享受、享乐,尤其恶劣的是为了赚取金钱。关于后者,这就是当代社会赖以生存的"资本逻辑"的真相。有学者已经指出:"要真正认识千万生态危机的根源并找到从这一危机中走来的道路,必须深入地研究生态与资本的关系。资本由于其'效用原则',必然在有用性的意义上看待和理解自然界,使之成为工具;资本由于其'增殖原则',决定了它对自然界的利用和破坏是无止境的。资本按其本性是反生态的。当前所出现的生态问题,说到底还是一个社会制度的问题。当然,在充分认识资本与生态之间的关系是对立的同时,还必须分析两者之间关系的复杂性。在限制和发挥资本逻辑之间保持合理的张力,将资本在实现利润最大化的过程中对自然环境的伤害降到最低程度。"⑧这一分析,深刻地揭示出,在现代科技的助力下,人类实际上是为了自身的金钱需要而建构出一系列所谓的资本理论,这样的一种理论必然的结果就是竭泽而渔式的掠夺自然。可悲的是,现代社会以为这样的资本逻辑是真理。而唯识无境的道理恰恰有助于人们呈现自然的本来意义,并且可以充分地展示西方文化所建构的人类中心主义的荒谬。

(本文选自《天台山文化当代价值研究论文集》。作者系南京大学哲学系教授)

注释:

① 《摩诃止观》卷六下,《大正藏》第 46 卷第 84—85 页。
② 《观音玄义》卷下,《大正藏》第 34 卷第 885 页上。
③ 潘桂明:《智𫖮评传》,南京大学出版社 1996 年版,第 169 页。
④ 《摩诃止观》卷五上,《大正藏》第 46 卷第 55 页。
⑤ 知礼《十义书》卷下,《大正藏》第 46 卷第 846 页。
⑥ 知礼《十不二门指要钞》卷上,《大正藏》第 46 卷第 707 页上。
⑦ 知礼《十义书》卷下,《大正藏》第 46 卷第 836 页。
⑧ 参见王志远:《宋初天台佛学窥豹》,中国建设出版社 1989 年版,第 40 页。
⑨ 参见(日)末木刚博:《东方合理思想》,孙中原译,江西人民出版社 1990 年版,第 104 页。
⑩ 《摩诃止观》卷五上,《大正藏》第 46 卷第 55 页中。
⑪ 《摩诃止观》卷六下,《大正藏》第 46 卷第 84 页。
⑫ 《摩诃止观》卷六下,《大正藏》第 46 卷第 84 页下。
⑬ 《法界释义》,《吕澂佛学论著选集》(一)第 418 页。
⑭ 《法华玄义》卷二上,《大正藏》第 33 卷第 692 页。
⑮ 《法华玄义》卷二上,《大正藏》第 33 卷第 693 页。
⑯ 《摩诃止观》卷五上,《大正藏》第 46 卷第 52 页中。
⑰ 《摩诃止观》卷五上,《大正藏》第 46 卷第 52 页。
⑱ 《摩诃止观》卷五上,《大正藏》第 46 卷第 51—51 页。
⑲ 此段之引文均见于《法华玄义》卷二上,《大正藏》第 33 卷第 698 页。
⑳ 《摩诃止观》卷五上,《大正藏》第 46 卷第 51 页。
㉑ 《摩诃止观》卷五上,《大正藏》第 46 卷第 51 页。
㉒ 《法华玄义》卷二上,《大正藏》第 33 卷第 696 页。
㉓ 《观音玄义》卷下,《大正藏》第 34 卷第 889 页中。
㉔ 《观音玄义》卷下,《大正藏》第 34 卷第 889 页中。
㉕ 智𫖮:《法华玄义》卷六下,《大正藏》第 33 卷第 760 页中、下。

㉖《四念处》卷四,《大正藏》第46卷第578页下。
㉗ 湛然:《十不二门》,《大正藏》第46卷第703页上。
㉘ 参见赖永海先生《湛然》,(台)东大图书公司1993年版,第80—82页。
㉙ 湛然:《十不二门》,《大正藏》第46卷第703页上。
㉚ 陈学明:《资本逻辑与生态危机》,《中国社会科学》2012年第11期。

海外交流

近代以来天台宗在海峡两岸的弘传

刘永华

天台宗学统自称是九祖相承,即初祖印度龙树;二祖北齐禅僧慧文;三祖慧思,从北齐到南方,兼重定慧,为后来天台宗止观双修的起源;四祖智𫖮,发挥慧思之说,正式确立定(止)、慧(观)双修原则,同时在判教上主张五时八教、教义上提出一念三千、三谛圆融之说,在禅观修习上提出一心三观,从而正式创立了天台宗;五祖灌顶,继承智𫖮之说,并有发挥;六祖智威;七祖慧威;八祖玄朗;至九祖湛然,以中兴天台宗为任,对天台三大部都有注释,同时写了《金刚錍论》《法华五百问论》和《止观义例》等著作,提出"无情有性"的理论,认为草木瓦石也有佛性,对天台宗以后的发展有很大影响。湛然弟子有道邃、行满等。其后有道邃下五传弟子羲寂,对该宗学说的延续和发展有所贡献。羲寂的再传弟子知礼和同门晤恩等,因争论智者《金光明玄义》广本的真伪等问题,分为山家、山外两派。山外派受他宗学说影响,被山家斥为不纯,不久即衰。山家派对后世影响较大。明末清初,有智旭自称"私淑台宗",对天台教观有所发挥,智旭以后,稍为沉寂。直到近代,谛闲大师出,弘扬台宗,可称为天台宗的复兴时期。

一、近代以来天台宗在中国大陆的复兴

宋明以后,佛教各宗派相继衰落,天台宗也不例外。近代以来,有杨仁山居士从日本找回佛教古德注疏三百余卷,在金陵刻经处刻

印流通,从而为佛教各宗派包括天台宗的复兴创造了条件。

天台宗复兴的奠基者是谛闲法师。他早年于上海龙华寺由迹端授记付法,为传持天台教观第四十三世。1913年应请住持宁波观宗寺,立志恢复台宗祖庭,遵四明大师遗法,以三观为宗,说法为用,并改称观宗寺为观宗讲寺。同时创立观宗研究社,成为培育天台学者的专门学府。1919年,又成立观宗学社,他自任主讲,招收青年学僧,授以天台大小诸部。一时学者云集,如仁山、常惺、宝静、倓虚、静修、静权、显荫、显慈、妙真、妙柔、根慧、持松、道根、戒莲、禅定、可端等,均为当时该社的社员。1928年,又将研究社与学社合并,取名弘法研究社,规模扩大,学僧增加,培养出了一大批弘扬天台宗的人才。

据记载,弘法研究社学制分为初、中、高三级。初级为预科,先在该社听一年,经考试及格,升入中级的研究社,学习二年,再经考试及格,始升为高级的弘法社为社员,攻读三年毕业。

1932年,谛闲法师授法于弟子宝静,由其继任观宗寺住持兼弘法研究社主讲。

谛闲法师一生弘传天台宗不遗余力。他除了中兴宁波的观宗讲寺外,还先后复兴了天台山万年寺、杭州梵天寺、永嘉白象寺等,又修缮重兴了温州头陀寺、绍兴戒珠寺、黄岩常寂寺、海门西方寺、雁山灵岩寺等。由于他的努力弘扬,天台教义得到了广泛的流传,天台宗呈现出复兴的景象。

谛闲法师的弟子甚多,著名的有倓虚、宝静、静权、常惺、妙真等。他们弘法四方,为传承和发扬天台教义作出了巨大贡献。

倓虚法师,1916年在涞水高明寺出家。

倓虚法师

◇海外交流◇

旋赴宁波观宗寺依谛闲法师受具足戒,后即入观宗学社学天台教观,并随侍谛闲法师左右,得授记付法。1920年入京为观宗寺请藏。1921年起即开始从事弘扬天台教义的活动,先于营口创建楞严寺,同时在奉天万寿寺佛学院住主讲三年,在第三年讲授天台典籍《教观纲宗》和《始终心要》等。

1922年,在长春创建般若寺,在哈尔滨创建极乐寺,在沈阳复兴般若寺。1924年与定西老法师在哈尔滨极乐寺主办佛学院。1929年,于沈阳般若寺创办佛学院。1931年,在青岛创建湛山寺。1932年,出任西安大兴善寺佛学院院长。1935年,在长春般若寺创办佛学院,并附设小学、幼稚园、社会中学各一所。同时,在青岛创设湛山寺佛学院,附设成章小学一所。1942年,在天津复兴大悲院。1947年,在该院创设大悲院佛学院。

除此以外,倓虚法师还创建了一些规模较小的寺院和精舍,如1922年在德惠县创设弥陀寺,与慧如法师在沈阳复兴永安寺。1933年又在青岛创建湛山精舍。

倓虚法师的法眷们,也纷纷创建寺院,弘扬天台教义。如慧一和静空,曾于1927年在绥化创建法华寺;定西和惺如,曾于1929年在黑龙江创建大乘寺;如莲法师于1938年在吉林复兴观音古刹。

倓虚法师的法眷们创建的规模较小的寺院不计其数;其中有如莲法师于1921年在吉林创建的广济寺,慧一法师于1924年在舒兰县创建的钣原寺,继如法师于1926年在舒兰县创建的明真寺,蕴虚法师于1928年在朝阳县创建的华严寺,定西和乘一法师于1934年在通寮县创建的圆通寺等。1934年,继如法师还在呼兰县创建了净土寺,专修法师于1939年在朝阳县云培山创建了兴福寺,唯一法师于扶余县创建了如来寺,森桂法师在三岔河创建了高明寺。定西、显亲法师于1940年在望奎县创建了寂光寺,善果法师于1945年在长春创建了大佛寺等。这些寺院虽然规模不大,但都对弘扬天台教观作出了努力。

宝静法师(1899—1940) 18岁于上海大同大学毕业后,在奉化灵隐寺出家,翌年即于天台山上方广寺受具足戒。从此日诵《法华经》,精进修持。后赴浙江宁波观宗寺,入观宗学社,学习天台教观,听谛闲法师讲《教观纲宗》等,颇有领悟。其后即发广大道心,以弘扬天台教义为自己的职志。他从1921年起即开始讲经弘法。曾历游各地名山,弘扬天台教义。到过香港、南洋群岛、缅甸、暹罗(今泰国)等地,随缘弘法。但以在观宗讲寺的观宗学社、弘法研究社协助谛闲整理社务,演讲台宗典籍的时间最多,贡献最大。如他在观宗学社期间,即在社内先后开讲过《摩诃止观》《始终心要》《四教仪集注》等。观宗学社改为弘法研究社后,先是任督学,协助谛闲整理社务。后来实际上主持弘法研究社,在社内讲演天台典籍三年。1932年,他又奉谛闲之命,从云南回到观宗寺,得谛闲法师传法授记,为天台宗第四十四代祖,同时接任观宗寺住持,兼弘法研究社主讲。谛闲圆寂后,继承遗志,在观宗讲寺和弘法研究社讲演天台典籍,弘扬天台宗义八年,并续编《弘法刊》,重整义校。宝静法师十年如一日,主讲于弘法研究社,为培养近代天台一宗的弘法人才作出了巨大贡献,是近代天台宗复兴的重要人物之一。

静权法师(1881—1960) 早在1905年即投天台山国清寺礼授能和尚为师出家。后不久去宁波,从谛闲法师学天台宗教义。经十余年学习,得天台精髓,受到谛闲的器重。1921年,谛闲曾将观宗学社主讲重任交付于他。从此以后,他即以观宗讲寺的观宗学社和国清寺为主要讲坛,讲授天台宗的《妙法莲华经》和其他天台典籍;有时亦应邀至其他寺庙或居士团体讲天台教观,着眼于培养弘扬天台宗义的人才。1937年起,他走出观宗讲寺大门,应邀到江浙一带名山大寺和居士团体说法,除继续弘扬天台宗义外,还利用讲经之机,开导佛教徒热爱祖国参加抗战。1950年,上海法藏寺创始人、天台宗耆宿兴慈法师圆寂后,他应邀至法藏寺讲经弘法。讲经期满后,留任法藏寺主讲,常住该寺宣讲天台宗义。一生立志不做方丈,但却对天台山国清寺全力进行维护。他从1932年起,就协助天台山国清寺住持可兴法师,对该寺进行了重建和扩建,前后八年,至1940年竣工,使全寺焕然一新,受到寺内僧众和信徒的称颂。他对于天台教义深有研究,又不遗余力地加以弘扬,也培养了一批弘法人才,故亦为天台宗在近代复兴的重要人物之一。

除了上述谛闲法师及其传人大力弘扬天台宗以外,在上海还有一些弘扬天台教义的高僧和居士。

兴慈法师(1881—1950)　为天台宗耆宿,曾在上海创建法藏讲寺。由于其父早年出家于天台山下方广寺,他幼年时期即常随父亲留住下方广寺。14岁又依父亲出家,翌年于天台山国清寺依从镜和尚受具足戒,最后嗣其法脉。可见兴慈法师一开始就是天台宗的传人。他曾花十年时间,重建天台山中方广寺,重修下方广寺殿宇。1918年,兴慈法师应邀从天台山到上海,在爱俪园讲授《天台四教义集注》,传播天台宗义。时有沈映泉居士,听讲后深为感动,特建超尘精舍,请他以天台教观教育青年僧伽。1924年春,由王一亭居士发起赞助,在吉安路筹建法藏讲寺。经多年努力,于1929年间完成。该寺虽称为净土宗的寺庙,但在寺内建立的瞻风学社(后改名法藏学院),却以天台教观为指南讲授佛学培育僧才。由于兴慈的提倡,法藏学院培养了一批弘扬天台的人才,一时天台宗教义在上海广为流传。

江味农(1872—1938)　上海佛教居士。曾对天台宗教义进行深入研究并取得了较大成就。他早年曾于北京听谛闲法师讲经,受其天台思想的影响。1922年,他提议请谛闲来上海讲《大乘止观》,每日随听随记,整理成《大乘止观述记》一书共20卷。该书于幽深微妙之处,曲折譬喻,加以说明,最后请谛闲订正。此书虽冠以谛闲之名,实际上出于江味农的手笔。他认为,天台宗南岳慧思大师的《大乘止观》,为东土撰述中的杰作,智者大师的《摩诃止观》即从此出。学者如不先通达南岳慧思的止观之义,即使学习《摩诃止观》也很难得其要领。因此,他自己于1930年秋天起,即开始系统讲述《大乘止观述记》,进一步弘扬台宗要义。由于他的研究与弘扬,天台宗教义在上海得到了进一步的流传。

除此以外,上海还有一些高僧和居士,他们在弘传自宗教义的同时,也兼弘天台教义。例如：

常惺法师(1896—1939)　他贯彻性用，融会空有，最后归宗贤首，在一家之宗范。但由于他曾于1917年至宁波观宗寺，随谛闲研习天台教观，后又入观宗学社深造，与仁山、显荫等同学，对台宗教义有一定的造诣。因此他在上海弘法时，也兼弘天台宗义。

显荫法师(1902—1925)　曾于1923年东渡日东学习真言密教，1925年回国后，曾在上海大力弘传日本佛教真言宗。但由于他17岁时随宁波观宗寺谛闲法师出家，后又入观宗学社，学习天台教观，从而得悟法要，故在弘传真言密法时，也不忘对天台教义的弘扬。

显慈法师(1888—1955)　他一生禅净并重，宗说兼通，特别反对佛教内部的门户之争。由于他于1920年曾到宁波观宗寺依谛闲法师出家，并随之学习天台教观，因此在后来的弘法活动中，常兼弘天台宗义，曾多次讲演台宗经典《法华经》。

方子藩(1900—1968)　曾任上海市佛教青年会理事长多年。由于他幼年时即因母亲信佛而皈依三宝，并常到离家不远的观宗寺听谛闲大师讲经，因而对天台教义颇有领悟，并对佛学研究一直兴趣不减。在他的弘法活动中，也常常兼弘天台宗义。

范古农(1881—1951)　一生教人以法相为宗，以净土为归。但他曾于1918年依谛闲大师于观宗寺受戒，并曾随从听讲，由此通达天台教义。因而他在讲经弘法活动中，也台、贤并弘，宣扬台宗教义。

正是由于以上一些高僧和居士的弘传，并大力培养弘传天台宗的人才，天台宗才得以在近代中国大陆得到复兴。

二、近代以来天台宗在中国台湾的弘传

近代以来，天台宗在台湾也有所弘传。近代最早在台湾专弘天台宗的有斌

宗法师。

斌宗法师(1911—1958)　曾于1936年到宁波观宗寺的弘法研究社,亲近宝静老法师,从学天台教义。翌年,又转至天台山国清寺,亲近静权老法师,继续研习天台教观。1940年回到台湾弘法,主要是弘传天台教义。1942年冬,他受新竹市僧俗之请,驻锡法王寺,为弟子们开示法要,弘传天台宗。后来偶然路经古奇峰,观其依山面海,宽旷幽雅,遂有于此结茅终老之志。适有善信陈新丁感母示梦,乃献其地。于是,他即在该地开山建寺,并取名法源讲寺。1944年,寺宇落成,斌宗法师即长年住锡该寺,弘传天台宗义,学者闻风而至者甚众。为了造就弘扬天台宗的僧才,他于寺内创办了天台宗高级研究班,招收青年学僧,研究天台教义。1949年冬,又将此研究班改名为南天台佛学研究院,由他亲自讲授天台典籍,并组织学僧研习天台宗的理论和思想。数年之间,培养出一批弘传天台宗的僧才。除此以外,斌宗法师处于1955年在台北市中山北路创立了一所南天台弘法院,培育僧才,弘扬台宗教义。

斌宗法师示寂后,其弟子觉心法师,继承其遗志,住持法源讲寺,继续弘扬天台宗。

斌宗法师的另一剃度弟子宝心法师,曾旅居香港、美国等地数年,也常在学习之余弘扬天台宗。在他学成回台湾后,到处设立讲经道场。1967年,他在高雄县路竹乡创建路竹念佛堂,仍以弘传天台教义为主。

在台湾弘传天台宗的,还有倓虚老法师的门人慧峰法师。慧峰法师(1909—1973)于1948年开始到台湾弘法,1954年在台南市创建湛然精舍,不久又在高雄县大冈山东麓新建了一所法华精舍。其后他分别在这两所精舍弘传天台教义,德誉甚隆。

慧峰法师有弟子常定法师,也是台湾弘传天台宗的著名僧人。他于1964年起随慧峰法师学习天台教观,前后共五年。由于学习努力,对天台宗义有较高的造诣。其后,他先后于开元佛学院、屏东东山佛学院、台中中华佛教学院、莲华学佛园、华梵佛学研究所、台中南普陀佛学院等任讲师、教授,常为学僧和研究人员讲演天台典籍。1973年,又在乐果长老座下受天台记,在为天台宗第四十五代传人,从此以后,他更以弘扬天台为己任,讲学、弘传不辍。

在台湾弘传天台宗的还有:

觉光法师,于1960年在台北市光复路创立正觉莲社,弘扬天台宗义。

乐果法师(1884—1979) 于1967年间在台湾南投县埔里观音山创建佛光寺,弘传天台宗。

在台湾,除了以上这些法师以创建寺宇、精舍及创办佛学院校,培养僧才以弘传天台教义外,还有一些法师、居士和学者,对天台宗的理论和思想加以研究,并撰述文章来进行弘扬的。其中比较著名的有:

演培法师(1917—1996) 早年曾于宁波观宗讲寺亲近谛闲法师,从学天台教观。由于天资聪慧,学习认真,对天台义理有较高的造诣。一度曾到台湾弘法,更加深入钻研天台宗的理论和思想,写下了大量有关这方面的论文。其中主要有:关于天台宗之判教与发展方面的有《中国天台的背景》《智𫖮以后的天台教学》。关于论述天台思想方面的有《天台宗的圆融论理》《天台实相论》《知礼的实相论》《山外派的实相论》《天台智𫖮的一念三千论》《天台与缘起论诸宗的相互抉择》等。他的这些著述,对促进近代台湾天台宗的弘传有相当影响。

慧岳法师,于1940年依斌宗法师出家,为斌宗法师的高足。1958年斌宗法师示寂后,曾继任斌宗法师所创的法济寺住持。1961年赴日本东京立正大学专攻佛学。六年后学成,返回台湾。后出任台北市天台止观实践讲堂住持。他除了在讲堂讲授天台教观外,还分别至台湾各佛学院校教授天台止观等。其有关天台宗研究方面的论文很多,主要有:关于天台学概论的著作有《天台教学的世界观》;关于天台宗之教判与发展的著作有《唐代之天台教学》《宋代之天台教学》《元明清之天台教学》《中华民国之天台学史》;关于论述天台思想的著作有《天台思想的渊源》《天台大师的三谛三观思想》《天台教观的物质》《南岳思大师的缘起思想观》《天台大师的四种十二因缘观》《天台大师之性恶思想观》。

李世杰(1919—) 台湾新竹人。其佛学造诣全凭自修得来。曾先后于台湾十余处佛学院教授佛学课程。对天台宗颇有研究,陆续写下不少学术论文。其中主要有:《天台宗要义》《天台哲学的精要》《天台宗的成立史要》《唐代台宗的发展史要》《宋代天台教理史》《藕益大师的天台教学》《天台哲学的原理》《一念三千的世界观》等。这些论文,对天台宗在台湾的弘传有一定影响。

牟宗三(1909—1995) 曾任台湾师范大学、东海大学等校教授。他于儒、释、道三家哲学均有研究,尤其对天台宗的典籍及其判教有深刻的探究。其主要著作有:《法华文句论"无住本"》《金光明经玄义论"无住本"》《天台宗之文献》《天台宗之判教》《天台宗之衰微与中兴》等。这些论文,对台湾弘传天台宗有促进作用。

晓云(1913—2004) 早年在香港曾礼天台宗耆宿虚法师为师,从学天台教义。回到台湾后,在华冈中国文化大学讲授佛教哲学。曾创办佛教文化研究所、莲华学佛园、华慧佛学研究所等,培育佛学研究人才。其天台著作主要有:《天台教观与止观》《天台般若本迹论》等。

张曼涛(1933—1981) 曾东渡日本留学,后在台湾中国文化学院任教,并任该校文化研究所所长。1978年在台北创办大乘文化出版社,编辑出版《现代佛教学术丛刊》。对佛学颇有研究,亦对天台宗义理有所探讨。其天台宗论文主要有《"空"之中国的理解与天台之空观》等。

圣严(1930—2009) 曾东渡日本,攻读于东京立正大学,获博士学位。返回台湾后,任中华佛教文化馆住持、中国文化哲学研究所教授、中华学术院佛学研究所所长等职。其天台宗著述主要有:《天台思想的一念三千》等。

孙正心,曾任台北佛教支会常务理事、《台湾佛教月刊》主编等职。其主要的天台宗论文有《天台思想的渊源与其物质》等。

以上这些高僧、居士及学者所撰写的有关天台宗的学术论文,不仅数量众多,而且具有较高的质量,它为天台宗教义在台湾的弘传鸣锣开道,其所起的作用是十分明显的。

总的来说,近代以来,天台宗在海峡两岸的弘传,虽不如禅宗和净土宗那么广泛和盛行,但也是传承不绝。这主要是由于天台宗的一些思想和理论,特别是其止观的修行实践方法,很适合现代修行者的行持。有人曾经指出,如果能将天台的思想和理论,进一步加以阐述和发挥,对天台宗在现代社会的流传将更加有益,应该说这是一种卓越的见识。

圣严法师

访韩散记

锦鸣　晓平

1997年1月6日至13日,受韩国佛教天台宗的邀请,我们参加了由浙江省民族宗教事务委员会主任茅临生为团长,天台县人民政府县长张锦鸣为副团长,国清寺方丈可明法师为顾问,省民宗委人事教育处处长周伟,天台县委统战部部长李晓平,省政府办公室吴刚及国清寺宗妙法师、月净法师等为正式团员的9人浙江省宗教代表团,对韩国进行了为期8天的友好访问。到汉城(即首尔,下同)、釜山、济州三市,参拜了天台宗著名寺院,参加在小白山救仁寺举行的上月大师诞辰法会和中、韩、日天台宗国际发展研讨会。所到之处,处处感受到韩国天台宗僧众及广大信徒对天台山祖庭的崇拜仰慕之情及对中国人民的友好情谊,并对韩国天台宗的历史、现状及韩国现实社会有了一定的了解认识,感受甚多,收益良深。

一、访韩国天台宗总本山(小白山)救仁寺

小白山救仁寺位于韩国东北部丹阳郡,距汉城约200公里。6日中午,代表团在汉城国际机场下机后即受到金道圆法师(总务部长)及信徒的热烈欢迎。金道圆法师是天台宗国清寺的老朋友,多次来国清寺朝拜祖庭,重逢在韩国,倍感亲切。代表团在机场餐厅用膳后,乘寺院自备的豪华大客车直达救仁寺。

救仁寺殿宇规模宏丽,雕梁画栋,金碧辉煌,设施先进,可供万人同时静心修行。僧众身体力行,坚持实践,昼耕夜禅,经营面积达6万平方米的大农场,四周山上植树200万株以上,寺内拥有大小车辆100多辆。韩国天台宗再度中兴辉煌,是在中兴祖师上月圆觉大师率领下所取得的。上月大师为兴法护国,普度众生,于抗战结束后选中这一莲花宝地建造了救仁寺,结草为庐,止观并进,定慧双修,终成大道。提倡以爱国佛教、大众佛教、生活佛教为目标的"新佛运",以其广博的学识,使天台宗教与韩国佛教相适应,重建了由智者大师开创、流传到韩国的已被历史湮没了的天台宗,可谓功德无量。现有天台宗寺刹350处,信徒170万人,并创办了金刚大学、《金刚》月刊等。遥想大师当年,不辞辛劳,披荆斩棘,使我中华民族这一博大精深宝贵的精神文化遗产再度在韩中兴发展,并如此深

入民心,崇敬之心,油然而生。

这一日,救仁寺内外,处处洋溢着友好气氛。第三代宗正道勇禅师在总务院长及天台宗各部部长等大法师在迎客厅里亲切会见了我们,并以最隆重礼节设宴招待,宾主尽欢。夜宿宾馆,清晨起来,经一夜飞雪,满山一片洁白,树枝银花朵朵,好一派北国风光,真是一座白字凸显的小白山呵。

纪念上月大师诞辰法会于7日上午11时开始。大厅内庄严肃穆。总统夫人派人敬献花篮,文化部长、道长(省)、郡长(县)等各级官员到会礼拜,中、日方代表团均被安排突出位置。法会非常隆重,追缅大师功德,继承大师衣钵,弘扬光大韩国天台宗。

国清寺内设立的"中韩天台宗祖师纪念堂"

7日下午,韩、中、日天台宗国际发展研讨会在救仁寺内举行,电视台、记者现场转播采访,三国法师分别诵经、礼佛,会议气氛热烈而友好,讨论了天台宗共同发展等有关问题,确立中国国清寺、韩国救仁寺、日本延历寺为三国天台宗总本山联络处,商定纪念智者大师圆寂1400周年的系列纪念活动,并决定在三国分别建立纪念碑和加强天台宗各方面的友好交往活动。茅临生团长发表了热情洋溢的讲话,张县长代表天台作了重要发言,博得一片掌声。国清寺方丈可明法师向韩、日天台宗发出了在下半年访华参加智者大师纪念活动及五百罗汉堂开光仪式的邀请,并接受了韩方提出在1997年5月再次访韩的邀请。韩、日双方明确表态,支持天台祖庭建设。会议在三方的共同努力下,取得了圆满成功。最后,互赠礼品,合影留念。

二、礼拜釜山三光寺

次日,我们在田云德长老、金道圆法师的亲自陪同下,拜别佛国圣地救仁寺,启程赴三光寺礼拜。韩国交通发达,高速公路网四通八达,车行六小时,一路观赏水光山色,过山区,跨平原,处处锦绣山河。车行几十公里路必有休息处,供行人解旅游劳累,可进餐、休息、加油等,十分方便。三时许顺利到达三光寺。此时,只见三光寺住持边春光法师率僧人信徒一队在那里迎候了。

住持边春光法师将我们迎入大殿,宾主礼佛诵经毕,又参观了梵钟阁、大鼓楼,并撞钟击鼓欢迎。看到正在建设中的大塔,十分壮观雄伟。后又到法华三昧堂,迎入止观堂。

止观堂为天台宗一大特色,此堂为四层大厦,外观如庙宇内设文物博览馆,各种会议室、大佛堂,更是设施先进,为三层大会厅,台上供奉佛陀像,壁上镶嵌近万尊小佛像,灯光之下,金光闪闪,令人叹为观止。大厅有席位数万,韩国天台宗的许多重大佛事在此举行,并可举行文艺演出、体育表演、国际会议等,功能多样,灯光、音响、转播等均为一流设备。边春光法师又在接待室设丰盛茶点招待,宾主间友好座谈,交流天台宗文化,畅叙朋友情怀。

在救仁寺、三光寺,我们亲眼看到了韩国佛教天台宗的蓬勃发展,也亲身体验到了中韩佛教界的深情厚谊,更感受到了天台山佛教文化的精深和宝贵,我们深为天台山感到骄傲。

三、观釜山、济州、汉城

国际会议及法会结束后,韩方极尽地主之谊,安排我们参观游览韩国的三座著名城市。8日夜宿釜山乐天饭店,此处滨海而立,见乱石穿空,惊涛拍岸。夜宴在上海锦江饭店举行,服务小姐均为上海人,在国外见故乡人分外亲切,可见主人一片待客之心。入夜后漫步海滩,白雪般的浪花伴随黄金般的沙滩,岸上的霓虹灯与海里的船灯相映成辉,感受到的是一片宁静与美好。9日观光釜山市景区,房屋建筑均依山傍海,错落有致,秩序井然。登太子台、古炮台,极目远眺,渔帆点点,见海浪翻,海鸥飞,感受海风吹,使人心旷神怡。午饭为韩式自助餐,多生菜海鲜之类。饭后至著名的龙头山公园,处处可感受到浓郁的中华文化气息。鸽子满天飞,与人共舞,呼啸来往,旁若无人,阳光娇艳,景色宜人。又登公园高塔,塔内配有釜山市20世纪30年代、50年代、70年代等市景对比图片,鸟瞰釜山的全景,深感釜山在短短几十年间所取得的神速进步,变化极大。

9日下午5时半到釜山机场,飞往韩国的济州岛。6时下机,济州的僧人信徒列队欢迎,其虔诚之心历历在目。济州全岛是古代火山喷发形成,由于太平洋暖流作用,虽是冬日,但岛上树木葱郁,鸟语花香,仙人掌类植物满岛丛生,景色隐约同于我国的海南岛。10日上午游美如地植物园。为一大型全封闭玻璃暖房,各种热带植物应有尽有,规模极大也极美,该园主原与汉城云峰商场同一老板,因1996年商场倒塌死伤无数导致破产而易主。下午乘游轮游大海,见海天一色,海上小岛火山喷发遗迹犹如鬼斧神工,令人神往。该岛是旅游城市,开发较早,旅游资源得天独厚,是韩国旅游中心之一。

11日9时半,我们飞到此次出访最后一站——汉城。汉城是韩国首都,也是国际大都市,为1988年奥运会举行地,人口1200多万,以美丽的汉江为界,分南北两区,交通极为便利,四条地铁同时运行,大街上只见车流不息,根本看不见自行车和庞大的人流。韩国人口为4000多万,拥有1000多万辆汽车,所以光见车不见人了。街上大多都是韩国产本地车,很少是进口车,他们对民族工业采取强硬的保护政策。我们游览了市容,参观了青瓦台(总统府)、古皇宫。古皇宫与我国古代建设完全一致,听韩国朋友介绍,在日本统治期间被破坏的情况,目前正在按原样恢复建设。又登63层大厦顶,鸟瞰汉城全景,游乐天娱乐城,也参观了著名的南大门自由市场。同时也参观了去年倒塌的汉江大桥与云峰商场,韩国的朋友毫不隐瞒他们的不好方面以及存在的一些社会问题。在汉城期间,正逢举行罢工示威游行。警察出动非常多,但秩序良好,不影响正常的活动。汉城是美丽的城市,18座大桥横贯汉江南北,连结成一个整体,虽走马观花,但留下了非常深刻而难忘的印象。

13日,我们圆满地完成了出访任务。在汉城机场与送行的金道圆总务部长依依惜别,相约重逢时间后,我们登上归国民航班机,于下午3时顺利回到祖国。

这次成功的访问,增进了中韩两国人民特别是佛教界之间的相互了解和友谊,进一步宣传了佛教天台宗,提高了天台山的知名度,扩大了天台在海内外的影响,促进天台对外交流和宗教旅游业的发展。

访韩期间,我们受到了极高的礼遇。韩国天台宗最高领导层全力以赴,亲自接待陪同,生活上细心照料,翻译小姐、工作人员、司机等殷勤服务,使人有宾至如归之感,特记叙之,以表深深的谢意,并期望能在天台山欢迎韩国朋友,共同为发展天台宗和中韩人民的友谊而努力。

1997年6月

佛苑简讯

温岭市明因讲寺举办居士学修班

明因讲寺坐落在台州温岭市城西10公里之龙鸣山麓,该寺历史悠久,四周风景优美,既是天台宗开堂说法之圣地,又是名胜古迹之丛林。

明因寺为唐咸通五年(公元876年)玄藏和尚开山创业。自宋至清,屡次重修。民国年间,为台南最大的寺院,香火极盛。年年戒期,僧尼来寺受戒者均二三百人。敏曦大师、谛闲大师、静安大师和澹云法师等大德,均曾在此说法传戒。1990年正月,温岭县政府拨款5万元,搬迁江厦中学,然后募资重建寺院。1993年以来,在式戒法师和式德住持的主持下,已新建大雄宝殿、天王殿和横厢等。寺内有僧20人,古刹呈现一派欣欣向荣的面貌。自1994年4月2日起,温岭市

明因寺天王殿

佛协在明因寺定期举办居士学修班。参加学修班居士近百人。

具体负责学修班工作的有三个组。一是组织组,负责学修班学员的组织思想工作;二是教务组,负责制订长期和短期的教学计划,聘请讲师,组织课堂教学和学员学修;三是事务组,负责膳宿及卫生事宜。学修班将间隔一定时间举行一次,每次2至3天,请法师讲授一个内容,这个内容基本上使学员搞懂弄通,并规定相当时间修持,或念佛或打坐等等。讲授内容由浅入深。开学典礼上,请国清寺月净法师讲授"三皈""四摄""六度"及佛教教理教义等。

万年寺发现谛公传戒匾额

天台宗龙象谛闲大师于1924—1926年间在万年寺任住持,重兴殿宇,并进行传戒,这是现代天台宗发展史上一件大事。最近,万年寺村民发现谛公传戒时诸山缁素敬赠的匾额一块,喜不自胜。其匾额全文如下:

"于万斯年"(篆书)

新昌升如陈福堂书。儒家颂语多曰"于万斯年",今谛公重建万年寺适以七十之年传此大戒,吾诸山僧众亦颂曰"于万斯年",而此寺万年,谛公光荣亦万年,诸山之恩恳于谛公以来兴此山者,功德亦与之万年,戒子之得与此会生天成佛亦福万年矣,洵无负为万年寺云。后学英慧谨跋。

后学:万性　授能　式良　止愚　观通　松增

谛震	先鉴	了尘	华松	炳清	远证
成方	文月	显莲	英贤	功祥	明持
达海	达荣	证静	明源	今慧	允禅
自游	月圆	妙道	显秀	续法	华海
授权	了德	慧照	秋通	从仪	口口
显华	静量	万福	静慈	性见	定华
华池	圣觉	灵晓	灵透	万贤	契理
同山	与高	静意	如根	本清	慧湛
广持	显微	之南	继瑞	妙境	慧朗
文证	行理	式亮	英修	若冰	行证
月照	定静	乐道	万和	其方	益泉
敏福	宏思	思学	思慧		

民国十五年太岁在丙寅夏历如月上瀚公献

浙江发现峰山圣地在日本引起轰动

唐贞元年二十年(公元804年),日本高僧最澄来中国求法,在天台学得天台宗,后又在越州(今绍兴)学得密宗。回国后最澄创建了"台密合一"的日本天台宗,将比睿山建成了日本天台宗的总本山,被日本天皇尊为"传教大师"。天台宗对日本佛教发展影响很大,被称为"日本佛教文化之母",曾统领日本佛教界400

年之久。天台山是浙江佛教圣地。最澄在天台山学习的经历,中外已有许多专家研究定论,只有在越州求法因史载颇简,其求学起因和受法地点一直是个谜,引起众学者考究。

1995年底,何思源随浙江佛教旅游代表团访日。在盛大的天台宗总本山欢迎会上,天台宗务厅正式向中方提出帮助寻找祖师密宗求法圣地的请求。回国后,何思源研究了日方两种学说,并在本报发表了《寻找龙兴寺》一文,开始了艰苦的论证工作。他从日本佛教文献和中国密宗史着手研究,发现最澄来浙求学密宗的确切地点不在龙兴寺而在峰山道场,最澄学习密宗的起因不仅受到当时流传的日本密宗教义的影响,而且也受在天台弘法的高僧一行的直接影响,使他在学习天台宗的同时产生了探求密宗教义的愿望。在返国之前,利用等船之机赴峰山接受了密宗教义与灌顶。何思源又从绍兴地方志和古水利史研究入手,推算出唐代古鉴湖水域图。在绍兴国旅和绍兴水利部门的帮助下,何思源爬遍了附近的几十个山头,终于查找到早已湮没的峰山道场遗址。峰山道场位于上

浙江上虞峰山道场遗址

虞中塘,是当时重要的水陆码头所在。何思源根据峰山遗址留的佛像残片,请教了中国美院的佛像专家,对比研究了中唐、晚唐的佛像特点,并在山东省佛教协会的帮助下,查清了最澄密宗受教之师——顺晓和尚的法系情况。

何思源的这一研究在日本引起强烈反响,日本天台宗务厅派出了电视台和宗务厅法典编辑长野本等天台宗学专家前往祥地考查、认证。中日双方举行了三次论证,最后确认了这一成果。这一研究已被编入1996年日本天台宗务厅出版的《圣地天台山》一书。

工作交流

打造宗教文化名山须契理契机

——以庐山、云居山为例

江西省社会科学院宗教研究所　欧阳镇

众所周知,弘扬佛法要契理契机,倡导人间佛教也要契理契机。我认为,契理契机的重要原则运用的范围还可以拓展,在打造宗教文化名山方面也是适合的,只是其具体内容上有所不同而已。因此,我提出打造宗教文化名山须契理契机,从江西的庐山、云居山目前打造宗教文化名山的项目来看,这种契理契机的具体内容主要有以下三个方面:

赢得各级领导支持

各级领导支持是打造宗教文化名山的前行基础。江西的庐山、云居山都是宗教文化名山,现在都在打造各具特色的大型项目,这些大型项目要启动建成必须赢得各级领导支持才有可能,仅建设用地的解决就是不可逾越的鸿沟。

从庐山来看,东林大佛净土苑选址在庐山之南,北依庐山主峰,群山环抱,山水相连。占地 3300 亩的东林寺净土苑,分为大佛朝礼区、教育修学区、莲友修行区、人文关怀区、净土体验区五个区域,集朝圣、弘法、教育、修行、慈善、赡养为一体的项目。占地这么大的项目是离不开各级领导支持的。

从云居山来说,云居山国际禅修院总规划用地面积 19.5 万平方

庐山东林寺

云居山真如寺

米(约292.7亩),总建筑面积4.3万平方米,建设工期为2012年6月至2013年11月,共18个月,工程项目有一座弥勒殿、一座圆通宝殿、一座大禅堂、一座大型博物馆、一座讲堂及其他的附属设施。自云居山国际禅修项目立项以来,省、市主要领导的高度重视,各级政府大力支持,为配合项目建设,专门拨款将云居山上山公路修缮一新,并把云居山国际禅修院项目列入庐山西海风景区"3239工程"中的重大旅游项目之一,以及风景区打造"一个中心,四个基地"的重要组成部分。在土地的协调与报批,项目的规划与审批等方面,都给予了大力支持和密切配合,九江市委副书记、市长殷美根要求庐山西海管委会以及相关部门要全力支持项目建设,扶持真如禅寺发展壮大,做响云居山宗教文化旅游品牌。他表示,有各级领导和社会各界人士的关心支持,有大家的齐心协力,云居山国际禅修院必将成为海内外信众的禅修乐土和精神家园,成为宗教文化旅游的福地和圣地。

取得十方信众赞助

十方信众赞助是打造宗教文化名山的根本保证。打造宗教文化名山主要依靠宗教界自身的力量,政府在这方面几乎没有资金投入,江西庐山、云居山的大型项目的资金基本靠十方信众赞助而修建。

从庐山来看,东林大佛工程是以纯宗教的清净理念进行建设而摒弃商业化运作,完全依靠四众弟子的力量进行建设,为构建真正的人间净土、培植朴素清净的宗教氛围提供坚实保证。当时中国佛教协会咨议委员会主席,102岁高龄的本焕上人建议东林大佛工程一定要依靠四众弟子的力量随缘建造,不要搞商业运作,避免损害佛教形象。因东林大佛工程需要佛教四众弟子集资募捐来完成,为此大佛筹委会设立为四众弟子捐献功德服务的大佛宣传募捐部,对东林大佛工程建设的功德利益进行宣传,主要有网络、简讯、杂册、光盘等媒介,同时对四众弟子从银行、邮局、现金捐赠的捐款进行登记接收,开具收据,上网公布,专款专用,不昧因果。以后出现了各地信众踊跃捐款,新加坡居士排队捐金,马来西亚居士发起百元报恩运动等。

从云居山来说,国际禅修院要建成为一个集禅法修证、禅学教育、禅风研究、禅艺博览等为一体的国际禅文化中心,院内所设禅修内容,是按照禅学修行的"三个般若"次第见学为纲领,即"文字般若、观照般若、实相般若"。"文字般若"即禅修院的佛教文化区,包括佛教文化研究院、禅宗历史博物馆、禅茶文化中心、塔林保护区等相关配套设施,以弘扬佛法、传播禅文化及提高大众佛学知识水平为宗旨;"观照般若"以禅修院的禅堂为主,以接引信众禅修学习与修证为宗旨;"实相般若"即以真如禅寺为核心的内院部分,将保持现有的传统风貌,继承弘扬"农禅并重、冬参夏学"的优良宗风,以话头参究为方法,以彻见本有为宗旨,既是僧众实证佛法的中心,更是信众的信仰寄托。这个项目总投资额约三亿元人民币,这么大的资金也是依赖十方信众赞助的。

得到当时条件允许

当时条件允许是打造宗教文化名山的殊胜机缘。江西的庐山、云居山在打造宗教文化名山的具体项目时,都或多或少的遇到一些不如人意的事情,这主要是因为不具备所需条件的缘故而造成的。

从庐山来看,果一法师于1993年就开始发愿建造东林大佛,直到传印大和尚驻锡东林寺,继承果一法师遗愿,继续开展东林大佛的申报工作,2000年10月才得到国家宗教局的批准,并于2004年1月,在东林寺后山举行了动工仪式。这时,不料国务院下达了《关于加强建设项目环境影响评价分级审批的通知》和《关于投资体制改革的决定》,规定凡是在世界自然文化遗产保护区内的建设项目,投资规模原则上不得超过三千万,投资三千万元以上的项目需由国家发改委核准。而东大佛工程远远超三千万元,九江市政府部门与东大大佛筹委会积极向国务院相关部门争取能在东林寺后山原址建设,终未获批准。以后,东林大佛筹委会向市政府提交了关于自然保护区外选址建佛的请求,获得了九江市政府的批准同意。大佛新址确定后,东林大佛筹委会立即展开新址工程的各项审批手续,前后三年终于办妥了各项建筑工程手续。

从云居山来说,真如禅寺从 2006 年就开始思考和筹备建立一个世界性的禅宗修学体系,并在此基础上建设云居山国际禅修院。直到 2008 年 11 月 11 日,国际禅修院举行了奠基仪式。这个项目的动工时间因各种原因,推迟到了今年 6 月份才举行。可以说,是好事多磨嘛。

总之,打造宗教文化名山这三个方面的契理契机是非常重要的。这种契理与契机之中,是一种相互包含的。我想只要我们好好把握这种契理契机的原则,对于打造宗教文化名山是会有裨益的。

图书在版编目(CIP)数据

名山佛教文化.第一辑/释了文,朱封鳌主编.--上海:上海书店出版社,2017.9
(天台山幽溪讲堂文化系列丛书/释了文,朱封鳌主编)
ISBN 978-7-5458-1525-2

Ⅰ.①名… Ⅱ.①释… ②朱… Ⅲ.①天台山-佛教-宗教文化-研究-天台县 Ⅳ.①B949.2

中国版本图书馆 CIP 数据核字(2017)第 175285 号

责任编辑　刁雅琳
特约编辑　陆海龙
技术编辑　吴　放
装帧设计　汪　昊

名山佛教文化(第一辑)
释了文　朱封鳌　主编

出　　版	上海世纪出版股份有限公司上海书店出版社
	(200001　上海福建中路 193 号　www.ewen.co)
发　　行	上海世纪出版股份有限公司发行中心
印　　刷	上海展强印刷有限公司
开　　本	710×1000 mm　1/16
印　　张	12.5
版　　次	2017 年 9 月第 1 版
印　　次	2017 年 9 月第 1 次印刷

ISBN 978-7-5458-1525-2/B.78
定　　价　35.00 元